主编：韩利忠

民国平定紫砂撷英

砂都异彩

阳泉市博物馆 编

山西出版传媒集团

山西人民出版社

序

《砂都异彩——民国平定紫砂撷英》就要出版了，仔细翻阅书稿后，我感触颇多。

紫砂在中国人的文化记忆中有着特殊的情结，这和紫砂自身特殊的物理属性与后期文人雅士赋予它的文化属性有很大关系。现有研究成果证明，紫砂出现于明代后期。当时正值饮茶方式发生变化，由煮茶变为泡茶，用宜兴紫砂壶来泡茶具有良好的透气性，既不容易走味，又不容易变色，盛夏时节使用也不容易馊，在急剧的冷热温度变化下也不容易炸裂。这些特性为它赢得广泛赞誉。明代画家文震亨的《长物志》说："壶以砂者为上，盖既无土气，又无熟汤气。"明代文学家李渔在《闲情偶寄》中赞美道："茗注莫妙于砂壶，砂壶之精者，又莫过于阳羡，是人而知之矣。"在文人士大夫和宫廷的共同推崇下，紫砂及紫砂壶迅速发展起来，大有"黜银锡及闽豫瓷而尚宜兴陶"之势。

平定人对紫砂产生兴趣是20世纪初在实业兴国的大背景下，以改良地方特色产业为抓手，经过艰苦的探索和失败的煎熬才转而发展紫砂的。陶瓷和冶炼是平定千百年来最具代表性的产业，"平定山多田少，小民向赖陶冶器皿，输运直省，易米以供朝夕"。但是作为世代传承的砂器在清末遭遇发展瓶颈，受苦受累不赚钱，反复的改良也没有脱胎换骨的变化，最后机缘巧合转到紫砂上去，于是陶都与砂都结缘，碰撞的火花点燃了平定紫砂烧造的窑火。

浏览书中一件件器物，流畅的线条，灵动的造型，多样的装饰，无一不显示出艺人们精湛的技艺和执着的匠心。看过"陶铸文明——平定紫砂艺术展",展出的100多件器物已使我颇感震撼,但意犹未尽,现在书里既有曾见过的,更多的是未曾见的惊喜。从所收录的近200件代表性作品,可以想见平定紫砂发展的迅猛与高峰。

近年来,阳泉市深入贯彻落实省委对"弘扬三晋传统工艺 繁荣特色文化产业"的要求,依托地方原材料富集优势,连续四年举办"南宜兴·北平定"平定紫砂产业发展高层研讨会暨产品展,"砂"里淘金取得积极成果;坚持抓实人才培养,完善激励机制,举办紫砂行业职工劳动技能竞赛;坚持聚焦文旅融合,推进工美"+文化""+旅游"业态融合,打造以古老砂器技艺传承创新为题材的晋剧《泥火情》,获得山西省"第十六届戏剧杏花奖新剧目奖"。

紫砂是阳泉工艺美术宝库中耀眼的明珠,既是传统文化有形而活态的存在,更是阳泉地域文化的标志。阳泉市博物馆本次通过"国藏+民藏"的模式,打造了一个很好的展览,又配套出版一本图书,这是发挥博物馆阵地宣传和第二教育课堂的优势,对外宣传本土优秀文化,对内深入挖掘优势资源,努力扩大平定紫砂的品牌效应和受众认可度。阳泉的紫砂产业尚处于起步阶段,与宜兴等地的产业化发展还有很大差距,作为文博人员,要从挖掘地方特色文化资源和历史传统方面多下功夫,多出成果,为推动平定紫砂提档升级、创出品牌、叫响全国、走向世界助力,为阳泉地域名片增色,为阳泉"在转型发展上率先蹚出一条新路来"助力!

阳泉市政协副主席 
阳泉市文化和旅游局局长

目 录

综　述 …………………………………………………… 01
　　第一章　缘　起 …………………………………… 01
　　第二章　吉廷彦创烧紫砂 ………………………… 07
　　第三章　平定紫砂的发展 ………………………… 15
　　第四章　平定紫砂的艺术成就 …………………… 17
　　第五章　再续辉煌 ………………………………… 19

陈　设 …………………………………………………… 23
日　用 …………………………………………………… 69
茶　具 …………………………………………………… 109
文　房 …………………………………………………… 153
清　供 …………………………………………………… 189

附　录 …………………………………………………… 205
　　印　章 …………………………………………… 205
　　书　款 …………………………………………… 207
　　刻　款 …………………………………………… 209
　　浅谈平定紫砂的特点及艺术成就 ……………… 211

后　记 …………………………………………………… 214

综 述

一说到紫砂，人们马上就想到宜兴，自然而然地就把二者联系在一起。紫砂成为宜兴的一个文化标识，这是几百年来文化积淀的结果，并非人为宣传或粘贴的标签。而且说到紫砂，一定程度上指的就是紫砂壶。自明代饮茶方式由煮茶变为沏泡茶，新饮茶方式的出现推动了紫砂壶的出现和风靡一时，而紫砂陶的良材也使茶叶的天然美质发挥得淋漓尽致。壶因茶而肇兴，茶因壶而弥香，可以说，紫砂壶是陶文化、壶文化、茶文化高度结合的产物，也是中国陶器发展史上的总结性产物。随着与茶文化的深度融合、宫廷的青睐以及文人士大夫的推崇引领，使用紫砂、紫砂壶成为一种"雅"的文化习惯，以至"黜银锡及闽豫瓷而尚宜兴陶"[1]，这是紫砂能够后来居上，占据人们日常生活的切入点。

实际上，在紫砂方面做出探索实践的远非宜兴一地，云南、广东、重庆、浙江、山西等地都有尝试，有的靠差异化的发展坚持下来了，如云南建水紫陶、重庆荣昌陶器、潮州朱泥壶等，有的则随着时间的推移而湮没于漫漫历史长河中了。

山西省阳泉市东凭太行，锁钥晋冀，为有名的煤铁之乡。独特的地理区位、丰富的煤土资源，塑造了其悠久的陶冶历史。在长期的生产实践中，当地民众因地制宜，"力农之外多陶冶砂铁等器以自食"，人们凭借丰富的煤炭与黏土资源，闯出一条不寻常的谋生出路。宋金时期平定窑、盂县窑即已闻名遐迩，砂器也在当地民众生活中占有一席之地，清代时更是声名远扬，也为平定赢得了"砂器之乡""北方砂都"的美誉，成为阳泉文化基因中一个代表性符号。

20世纪初，在实业救国浪潮的影响下，平定人积极推动砂器改良，延师授徒，办厂兴业，使紫砂在北方大地上蓬勃绽放，留给今人大量类型各异、异彩纷呈的紫砂作品。

第一章 缘 起

第一节 紫砂是什么

紫砂器是介于陶和瓷之间半烧结的炻器，内外均不施釉，这样它既有一定的机械强度，也有透气性。烧制紫砂器的紫砂泥是紫泥、红泥、段泥的合称，这三种基泥，由于矿区及矿层的不同，呈色也会不同，随着烧成温度的变化，色泽变化多端，妙不可言。清吴梅鼎在《阳羡茗壶赋》感叹："若夫泥色之变，乍阴乍阳，忽葡萄而绀紫，橘柚而苍黄；摇嫩绿于新桐，晓滴琅玕之翠；积流黄于葵露，暗飘金粟之香。或黄白堆沙，结哀梨兮可噉；或青坚在骨，涂髹汁兮生光。彼瑰琦之窑变，匪一色之可名。"故紫砂泥素有"五色土"之称，可烧成大红、朱红、葵黄、棕黄、栗色、灰白等几十种颜色，紫砂壶丰富的色泽满足了茶人的审美需要。

紫砂泥的可塑性高，传统上紫砂壶的造型不是拉胚成型，而是由手工拍打身桶和泥片衔接成型，其成型技法变化万千，不像手拉坯等转轮成型法只限于同心圆范围，所以紫砂器在造型上的品种之多，其他的难以比肩。因此紫砂壶之形，素有"方非一式，圆不一相"之赞誉。

若论质地细腻，它与瓷器特别是釉色千变万化的细瓷难以比拟，但自然质朴正是其迷人之处。紫砂茶具透过"茶"，与文人雅士结缘，并进而吸引到许多画家、文人在壶身作画、题诗，寓情写意，此举使得紫砂器的艺术性与人文性得到进一步提升。它追求的意境，正属茶道所追求的"淡泊平和，超世脱俗"，而紫砂器固有的古拙与这种气氛最为融洽。

明万历时，紫砂器已经成为贡品，清三代更是引领社会对紫砂器的追捧。清代诗人、书画家汪文柏就发出"人间珠玉安足取，岂如阳羡溪头一丸土"的感慨，明人张岱直言"一砂罐、一锡注，直跻之商彝、周鼎之列而毫无惭色"[2]，明代青藤画派鼻祖徐渭更是"青箬旧封题谷雨，紫砂新罐买宜兴"。紫砂器俨然成为一种奢侈品的配置。

第二节 平定县有紫砂矿料吗

据1992年8月由平定县自然资源调查与综合开发利用研究领导组组织编写的《平定县自然资源调查及综合开发利用研究》，平定县境内紫砂矿产分布于西部冶西镇下南茹村—孟家村—圣堂一带，矿石呈紫红色薄层状泥岩，结构细腻、吸水性强，牙咬时无碜感，质地纯净。主要成分为高岭石，且混杂有针铁矿等。烧成温度在1000℃—1350℃。该紫砂陶土矿属内陆湖相沉积成因，储量丰富，质优良，经分析化验与江苏宜兴陶土矿基本相同。

下南茹紫砂陶矿化学成分表

化验单位	主要化学成分（%）								
	SiO_2	Al_2O_3	Fe_2O_3	TiO_2	MgO	CaO	K_2O	Na_2O	烧失量
山西区调队	56.5	21.53	8.55	1	0.89	0.77	1.68	0.40	8.48
江西陶瓷研究所	56.9	22.68	7.50		0.55	0.49	0.49	0.42	9.06

*取样方法：山西区调队是连续捡块，江西陶瓷研究所是任意捡块。

2008年，阳泉市国土资源局委托中国冶金地质总局第三地质勘查院寻找阳泉地区的紫砂陶土矿产并开展勘测工作，勘查院通过实地调查在平定下南茹—马家庄一带发现了品质较好的紫砂陶矿产，勘测后编制了《山西省平定县下南茹—马家庄紫砂陶土矿普查地质报告》。其中有这样的记述："杂色、紫色、蓝紫色砂岩及泥岩，其中泥岩是本区紫砂陶土矿的含矿层，本区所谓的紫砂陶土矿亦即泥岩中品质上乘者。""岩性有：紫红色、黄绿色钙质胶结的长石砂岩、长石石英砂岩、砂质泥岩，底部为黄白色长石砂岩。"

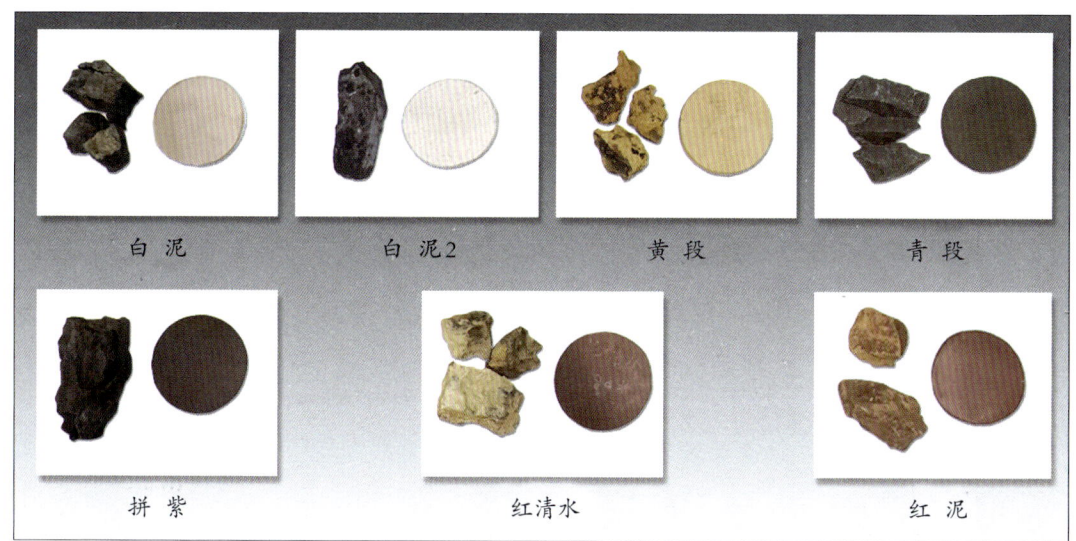

部分平定紫砂矿料及试片

山西省煤炭地质公司王启旺在《山西省紫砂陶土矿地质特征及成因》中指出：已开发利用的紫砂陶土矿主要见于乡宁县、平定县、交城县等。矿床主要分布于二叠系上石盒子组地层中，其中以上石盒子组第三段的中下部岩层质量最优。

1.2 平定县下南茹剖面（上石盒子组第三段）

7）灰色石英砂岩，厚0.50米；

6）姜黄色砂岩，厚2.00米；

5）铁锰矿化层，厚0.20米；

4）姜黄色长石砂岩，厚2.00米；

3）浅紫红色泥岩（含矿层），厚7.10米；

　混有姜黄色团斑的紫色不纯泥岩，厚0.60米；

　浅紫红色厚层泥岩，厚1.00米；

　灰紫色泥岩，厚0.50米；

2）姜黄色砂岩夹页岩，厚0.40米；

1）暗紫红色砂岩泥岩夹黄色泥岩，厚2.00米。

这些调查充分表明：在平定县是富藏紫砂矿料的，与宜兴相比，虽然在矿物种类的丰富性上有差距，但随着今后调查研究工作的深入，相信还会有新的矿区和种类被发现。

第三节　平定县历史上有紫砂器吗

这个问题目前尚无确切答案。历代文献难以找到相关记载，那么补史证史的考古发现呢？在阳泉市辖区乃至周边的昔阳县、寿阳县境内，经考古发掘的宋、金、元时期的墓葬有上百座，但是均未见任何紫砂作品。这种情况与宜兴地区相似。

宜兴烧造紫砂的发端时间也存在学术争论。

朱云峰、潘岷经过严密的论证，认为宋代诗词作为紫砂壶起源于宋的文献证据不能成立[3]，另

砂都异彩

外，在宜兴考古发掘的1000多座宋代古墓中，从未出土过一把紫砂壶，综合以上事实也可以断定，紫砂壶的宋代起源学说是不成立的。《霁园丛话》中涉及紫砂壶的，仅有简单的描述，加之作者蔡司霑生活的时代在学界争议颇多。有人认为蔡司霑是元代或者是明初之人，所以对他的笔记所载的元代紫砂罐广为引用，但据《重刊宜兴县旧志》卷五载：蔡司霑是福建龙溪人，清康熙二十三年（1684）任宜兴知县。可知该条文献对于紫砂起源的旁证力度并不是很高，再结合迄今为止，未发现其他任何关于紫砂存在于元代的描述，当今也没有任何元代紫砂壶作品。同时考古发掘至今，也没有出土过任何能阐明紫砂壶存在于元代的有力证据，因此，紫砂壶起源或存在于元代的学说不成立。至今未发现明代正德以前的墓葬中出现过紫砂壶，田野考古与史料考古结合证明，紫砂壶的历史不会早过明代正德年间。

再回到平定县。考古发掘一直没有发现清早期之前任何紫砂类随葬品出土，民间收藏者手中偶有墓葬所出之紫砂器，但因未经考古发掘，认可度不足，且资料掌握较少，难以说明问题。直到2012年在平坦垴村古城一带发掘了一座清早期的墓葬，出土紫砂壶1件，无款无铭，但是从胎料和工艺上看属于宜兴紫砂；1996年义平路（义井—平定）修筑期间，文物部门抢救性地清理了一些墓葬，其中一座民国墓出土4件紫砂，分别是紫砂壶、紫砂盏托、把杯、勺，从其底款可知是民国时期平定县所产。

白釉紫砂梅把杯　　　白釉紫砂盏托　　　竹叶纹紫砂执壶　　　白釉紫砂勺

1996年义平路出土平定紫砂器

关于平定县烧造紫砂的历史文献虽不甚多，但偶有所见。1936年《三十年来之山西》[4]"化学工业"部分有记："自民国元初，平定县立平民工厂始有仿造宜兴陶器之举"；吉廷彦在《题平民工厂联并序》、朱子钦在《题甘泉亭联并序》中都提到是民国初年开始烧制。

这样看来，平定县最早创烧紫砂是在民国初年，至少目前尚无确切证据支持平定县在民国之前就已经烧制紫砂。

说到紫砂，就不能不说平定砂器，二者之间有着非常紧密的联系。平定县很早就有烧造砂器的传统，其创烧时间未有定论。清乾隆五十五年（1790）版《平定州志》"食货志·物产"：砂器，州旧志（当指明代万历廿三年刊刻的《平定州志》）产州北山中，砂色白，俗名坩子，陶为器，货之他方，京师所称砂铫子者，即州产也。考古发掘出土最早的砂器是宋代，所见有端耳砂釜、单把砂锅等，可知不晚于宋代，砂器制作技艺已非常成熟。

民间有说"砂器创于秦"，理由是在平定县东关某地采集到秦代一个砂鼎，其实只是一件夹砂陶鼎。砂器从何而来呢？约略与夹砂陶有关。人类进入新石器时代的主要标志即是陶器的使用。在平定县境内，分布着多处新石器时代遗址，有移穰、乱流等数处，还有很多遗址等着被发现。在已知的遗址中不乏夹砂陶。所谓夹砂，做法是在陶土中有意无意地加入了掺合料，而砂器也是在黏土中掺杂其他配料烧制而成。从制陶工艺的发展来讲,也是从原始的一元配方发展到多元配方的过程;夹砂陶出现在前,砂器出现在后。合理的推测是古人在制作夹砂陶的过程中,逐渐摸索到掺合料和黏土的某种配比,再辅以相应的烧成方式,结果得到不同以往的一种器物,这样砂器就出现了。

这样的分析在其他地区的遗址中得到一些证实。

元带流砂锅

元双錾耳砂锅

元小口细颈鼓腹砂壶

1962年阳泉市郊区李家庄乡甄家庄村出土

清高足砂壶

清砂酒壶

清直口小砂罐

2012年阳泉市郊区平坦垴村出土

1993年平定县冠山镇东关村出土

齐家文化夹砂陶夹杂颗粒尺寸较大,磨圆度较好,与马厂晚期夹砂彩陶相似,其胎料可能经过筛选处理后,再掺入掺合料。[5]通过对彭家遗址的陶片观察,研究者认为制作者对掺合料的种类有了一定的选择;人们已经初步了解陶质同器物功能间的关系,掌握了通过加入掺合料来改善陶土性能的方法,从而做出适合不同需要的器物。[6]掺合料的使用,应该是制陶工艺已经发展到相当成熟的阶段,人们在大量烧制陶器,甚至已经有初步分工的情况下,对制陶泥土的成型性能已经积累了比较多的经验,才可能认识到泥土中配入沙粒,或者其他粗颗粒物质,可以改善其成型性能。[7]

鲁晓珂等根据对仰韶文化西坡遗址陶器掺合料的实验室研究,夹砂陶器样品中,掺合料主要是以长石、石英、云母为主,一些样品所用掺合料比重可达20%[8]。这与砂器、紫砂的胎料成分是相近的。

正是平定县有长期的砂器烧造传统,在清末时知州王子良才想到改变"瓦釜旧容",从难登大雅之堂意欲成为高雅之器。这样的探索直到民国并在宜兴技师的指导帮助下,才在各个方面实现突破,紫砂在平定大地正式绽放。

第四节 发展紫砂的背景

第一次世界大战爆发后，1914年农商部奉袁大总统谕向各省发出通饬，指出欧战"未始非工商发达之机。凡各省种种实业，俱应切实整顿，所有大小工厂悉竭力维持。一面趁外货入口稀少之时，改良土货，仿造外货"，强调"通商惠工，在此一举""时不再来，稍纵即逝"。旋即各省都掀起了轰轰烈烈的振兴国货、实业救国的热潮，或引进，或改良，力图地方均有挽回利权的实业。

所谓实业救国思潮，就是在近代民族危机刺激下，部分资产阶级知识分子、实业家、政治家认为实业不振是中国落后挨打、积弱积贫的主要原因，为了御侮救贫，他们怀抱实业救国的理念，积极探索振兴实业的道路和方法。

实业救国的思想大约在19世纪末产生，但它的酝酿却经历了一个比较长的阶段。最初推崇的是"以商立国"，随后被"以工立国"取代。王韬在香港主办的《循环日报》和早期民族资本家郑观应在《易言》以及薛福成在出使英、法、意、比时，都先后提出"发展资本主义工商业对国家强盛的重要作用"，但还没有认识到工业近代化是西方国家富强的基础。19世纪末，随着外国资本主义加紧对华输出资本，人们的认识逐渐深化，"以商立国"的主张被"以工立国"所取代。第一任驻外公使郭嵩焘在1892年出版的《出使日记续刻》中说"中国欲振兴商务，必先讲求工艺"。这个道理随着日本的强大而日渐为人们所注意，日本学习西方在国策上与中国有所不同，学军事的人少，学工业的人多。薛福成也说：西人论日本近数年来，造器日精，出货日多，种植制造蒸蒸日上，此则已胜于中国矣。这种看法随着甲午中日战争的结局而变得更加明朗，更多的人认识到日本学习西方的路子正确，值得效仿。[9]

平定县就是在此背景下，从清末开始就有砂器改良之举。

第五节 王子良仿制东瀛砂器

吉廷彦《平定吏治纪要》中有一句话"王子良仿制东瀛砂器"。王子良，何许人也？王子良即是平定知州王为幹，浙江杭州人，1905年为平定州知州。保矿运动初期他正在任上，一直站在国人一边，与英洋周旋，被提前调离。他为什么想到仿制东瀛呢？原因正在于平定素产砂器，一方面是民用不足，另一方面是烧制很辛苦，销售不赚钱。其因何在？无非就是货品长期单一不变，色形单调乏味，市场认可度下降。怎么办？他的目光转向日本。

在清末，欧洲、日本陶瓷业日益发展，反观大清国，由于国内政局动荡、经济衰弱，陶瓷业界大多是以家庭为单位的小作坊，以利为先，绝少创新，中国陶瓷逐渐衰败。与此同时，日本陶瓷业界通过几次对华的深入调研，不断总结市场经验，了解南、北方大城市的喜好需求，以日本式的仿古，即造型、纹饰上的中国文化倾向性，艺术与实用的先进性，以及颇具日常生活气息的民众性，在华瓷沉沦之时，成功地抢占了大清国的日用陶瓷市场。[10] 吉廷彦也指出：工匠技术能守旧而不能求新，以致种种物品半由外洋输入，终年购用，漏厄甚大。

一方面是自己的产品费工费力，量小利薄；另一方面是外瓷质优价廉，大量侵入，这场竞争只是同期中国商品经济的一个缩影。

日本农商务省工商业调研员腾江永孝在1900年的《清国景德镇瓷器市场视察报告》中指出：现今清国内地主要的瓷器制造地是景德镇，而景德镇年产额持续下跌，清国自产瓷器已不能满足"本国四亿人民的需求，出口海外更是不可能的事情"。此外，1905年日本驻天津记者井上孝之助曾对当时不同社会阶层的陶瓷器喜好做过调查，1906年日本窑业技师盐田真对清国社会需求做过调查。从清国方面的陶瓷进口额来看，1902年自日本的陶瓷进口额，占清国陶瓷总进口额的47%，欧美陶瓷的进口额占比25%，再加上经由香港进口的日本陶瓷，清国进口的全部陶瓷器中，有6成以上都为日本制造。[11]

面对这种情况，在清末"师夷长技以制夷"的思想基础上，一些陶瓷实业家开始向日本学习，甚至聘请日本技师指导。1906年，以熊希龄为首，在醴陵姜湾创办湖南瓷业学校，聘请景德镇和日本技师授课，培养了一批技术骨干学员，成立湖南瓷业有限公司。

在这些社会思潮和实践的基础上，王子良开始了他的改良之路。关于他这次的改良，少有文字记载，改了什么，效果如何，均无只言片语，任由我们猜测。窃以为，王子良选择砂器作为改良对象，可能与他的生活习惯有关，南方人多有饮茶习惯，而平定砂器有些是茶具。他平日用砂器饮茶，总觉粗率，遂有意从兹入手，也就不足为奇了。《平民工厂招股启》提及吉廷彦在平定游玩，见当地人手持一壶，胎质较细腻，状类东洋所产，了解后知此为数年前当地人集资改良的产品。这类器物或为王子良当时倡导所为，可旁证王子良致力于砂器器型和精细化方面的改良。

第二章 吉廷彦创烧紫砂

吉廷彦其人。

吉廷彦（1875—1938），原名燕功，字彤廷。后改名廷彦，字硕卿，号东圆，山西翼城县桥上镇南头村人，民国九年（1920）迁往城内东街。清光绪三十一年（1905）至宣统三年（1911），先后任山西学务公所科长兼山西公立中学堂学监、第一师范医学馆教员。民国元年（1912）任太谷县知县，民国二年（1913）至民国六年（1917）迁平定县知县，在任期间，曾修《平定县志》，主编《平定吏治纪要》。民国二年（1913）8月兼任盂县代理知事，9月被免职。

第一节 路在何方

从吉廷彦自书《上朱道尹书》一文看，他改良的突破口一开始选定的是平定素产之砂器，但没有多大进展，虽然各种砂壶外观有所变化，但颜色单调，难脱瓦缶旧容。他分析原因有两点：一是因为风气未开，人民尚无改良思想；一是经费浩大，官绅无提倡能力。这也是当时中国的国情，与国内陶瓷业界的情形类似。

从他的上书中，可以看出，他依然走的是王子良的老路，试图在砂器上着手。他的变化集中在砂壶上，可能在器形上有所变化，还有就是颜色上有变化。现在大量见到的砂执壶和蓝釉砂器，窃以为有一部分是此际所做的探索，或许有一部分就是王子良的改良之物。事实上，现在见到的蓝釉砂器也就是清晚期到民国的产品。具体做法是在器坯上施一层以氧化钴为呈色剂的矿物釉料，成器呈现出色泽亮丽、色调均匀的蓝色。

蓝釉寿字纹砂罐

蓝釉砂壶

←蓝釉砂香筒

为什么是蓝釉？

发行于1906年9月—1910年3月的《南洋商务报》登载消息，谓宜兴改良陶器，烧出天蓝釉全席器、砂胎蓝釉海盆花瓶[12]。看来蓝釉是当时的一种共同选择，估计还是与青花瓷有关，技师们对蓝釉的调配是有经验的。实际上，宜兴紫砂挂釉并非新闻，明代的宜钧、清代的紫砂胎炉钧，均为仿钧窑釉色的二次烧成紫砂，古已有名。宜兴的做法，或许触动了王子良或朱子钦，于是才在砂器上做了一些探索。

蓝釉砂器的出现确实对砂器颜色单调、外观粗糙的弊端进行了改善，使得砂器的艺术表现形式更加多样，既满足了人们的审美需求，也使日常清洁护理更加方便。但由于釉料掩盖了砂器固有的天然肌理，也将砂料特有的透气性埋没掉，不利于散热、保鲜、驻味，故并不适宜用在砂壶、砂锅之类的器物上，加之制作工艺复杂、耗时费力、制作成本较高，因此，蓝釉砂器的烧造仅是昙花一现。

第二节　从砂器到紫砂

正因为在砂器方面虽努力改良，但效果不佳，难于取得进展，迷惘中，经朱子钦指点，吉廷彦决定发展紫砂，并由朱子钦代为延请宜兴师傅来平定指导并筹办。

朱善元，字子钦，浙江钱塘县人。清光绪三十二年（1906）任平定州知州。他提倡新政不遗余力，设自治讲习所，延聘留东法政专员，分门讲授。州劝学所教育分会亦相继成立，并起煤铁捐补助学款。1912年任忻州知州；1913年3月5日—1914年5月23日任中路观察使；1914年5月23日—1916年7月29日任冀宁道尹；1916年7月30日—1922年8月8日任山西财政厅厅长。

事实上，这个时候，平定也有人在探索改良之事。据"满铁调查部"在昭和十七年（1942）《山西省矿业经营调查报告》：坂本峻雄于昭和十五年（1940）对山西的矿产经营状况进行深入细致调查，并在文后附《山西陶瓷器业□就》，重点记录了"平定烧"，实际就是平定紫砂。坂本峻雄说

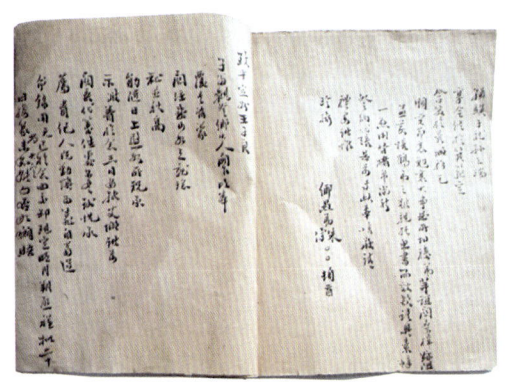

朱子钦和王子良来往信件

民国二年（1913）张汝桐利用南茹村附近的红黏土烧造紫砂，并在自己家中进行了种种研究，但试烧不成功。

从文中可知，平定人张汝桐首先做了探索，虽未能成功，但是给了当时地方官一定启发——创烧紫砂。冀宁道尹朱子钦能从这个方面点拨吉廷彦大概是受此影响，另外朱子钦在清末接替王子良任平定知州，他一度也对砂器着力改良，最后还是把目光定格在生产紫砂上，于是委托盂县知县代聘宜兴技师，结果没有成功。从中可知，朱子钦对平定县的情况还是比较了解的。更或许，平定人对于紫砂的追求还在张汝桐之前，只是未有可圈点之处，别人也就懒得着墨了。

张汝桐，字友琴，生于清同治十二年(1873)，卒于民国十一年(1922)，清例授徵士郎候铨州判，宣统元年（1909）山西大学中斋中等科毕业，曾任县议会议长。

平定县筹设平民工厂创烧紫砂的想法出自朱子钦，吉廷彦是受教于朱子钦的。这一点可以从《平定吏治纪要》的来往公文中得到印证。平定县延请宜兴技师之举也是朱子钦促成的。

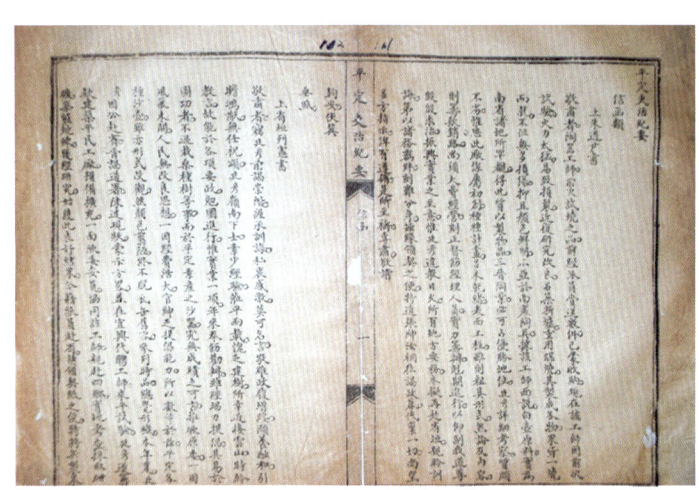

《平定吏治纪要》收录的吉廷彦上朱道尹书

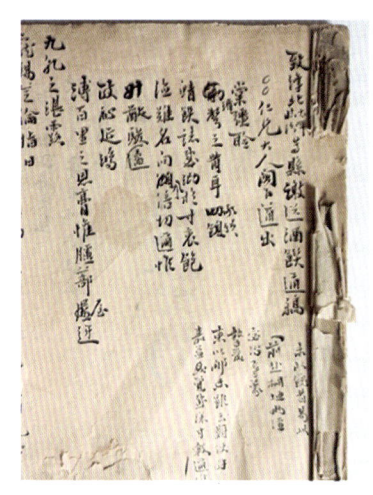

朱子钦书信存稿

民国三年（1914）春，朱子钦委托前往浙江买桑种的人绕道宜兴，代请技师，协助筹办平民工厂。该厂一则生产爱国提花布，一则改良陶器。技师抵平后，立即与本地业者研究改良，找矿、练泥、做坯、烧成，完全按照宜兴做法进行，反复试验，经历了加水渗漏、加热变色的种种挫折，最终掌握了平定紫砂料的烧造工艺。1915年7月1日，平民工厂正式投产，宜兴技师就在平民工厂边试制、边授徒，平定紫砂的火种就此熊熊燃烧起来。

改良产品——吴云根制博古人物纹对瓶

第三节 首创职业教育

在紫砂改良初见成效、积极筹备平民工厂之际，为了推动平定紫砂产业化发展，提升市场竞争力，平定县署决定由平民工厂同时筹办乙种工业学校教徒授业，由产矿各县保送学生来平实习。但是该计划上报冀宁道之后，经道尹朱善元批饬，由山西省巡按使金道坚查核，认为平民工厂与学校性质截然不同，而且乙种实业学校要求在1915年春季开办，但是直到期限将近相关款项仍未筹措到位（资本定额2万元，尚未募集分文），各方面的组织工作也未照章完成，认为工厂的开办可能会颇费周折，这样就影响到学校的开办。但是学校的筹备组织工作已大致就绪，故决定将学校特为划出，改为附设于平定中学校内，同时发布招生广告，面向社会公开招募生源，由宜兴技师授课，同时在平民工厂实习。学徒第一年自费，但由工厂每人每月发放津贴一吊钱（即1000文），兼供给水炭；第二年根据优劣发放补助；第三年期满学成毕业，根据手艺另议工价。

学校的开办一方面为工厂增加了生徒，为初创的平定紫砂提供了人才基础；另一方面给学徒适当的经济补助，使学生们可以潜心钻研，为家境贫苦的有志青年提供了一条谋生之路。更关键的是使平定紫砂在传统的师承、家传模式之外，首创职业教育加企业培训的形式培养艺徒，可以说是开创了通过建立专门学校培养紫砂人才的先河。

平定中学紫砂作品

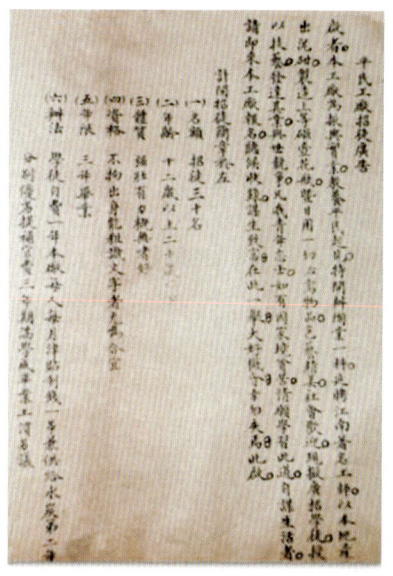

平民工厂招徒广告

第四节 平民工厂

平民工厂位于平定县上城南鳌，就是后来的平定师范宿舍院，那里曾经是平定州州府及平定县县署所在地，俗称旧衙门。1914年开始筹办，1915年7月1日正式投产，为官督商办。工厂的经理是张汝桐，王士秀为协理，王永昶是县公署第二科二等书记，也在平民工厂兼职。工厂额定资本金2万元，县署拨交库平银3000两，折合大洋4432元，另有大洋12000元，要求只能动用利息[13]，其余为社会募股，但开办之初并未募齐，之后一直很难争取到投资者。1916年因为周转困难，不得已将股权和研究成果转让给王家玉。在筹办期间，张汝桐还作为学徒，潜心向宜兴技师学习，共同试制，终告成功。

王家玉接手经营后,到1923年资本金达到6万元，但很快还是因为资金缺乏，工厂逐渐停烧。

日本人调查中简单记录了平民工厂的生产情况：其制法主要是手工，还没有使用机械，原料粉碎还是用骡马拉的石臼。釉料主要是调和使用氧化铝及硝子的粉末。烧成火候在800度。有徒弟50余名，其产品在专卖店销售。

日本人的记录为我们基本勾勒出了平民工厂的生产和经营概况。

平民工厂的产品

宜兴技师和学徒四处找矿，精心研究，短短数月即"出品精巧，为北省所罕见"，但其紫砂壶一经注水，色变灰黑，并有渗水现象，于是他们继续深入探究，终于找出问题所在。只因所用矿料杂质较多，质地粗疏，内部毛孔通透，所以一旦注水就会发生变色和渗水现象。后来另选质地致密的矿料，尽量去除杂质，上述问题终于被克服了，至此，平定紫砂才算取得阶段性成功。

平民工厂所用的泥料多样，除深浅不一的红泥之外，还有"南方所无"的白泥。产品以素面圆器、方器为主，花塑器在这里主要表现为仿根雕的一种形式，民国称之为"树皮雕"，就是模仿松、柏、槐、榆的树干，做出的树皮呈开裂、节疤形态，这种装饰的紫砂器，成为平定紫砂里最有代表性的产品。器物品种基本覆盖了生活的方方面面：文房用品有砚屏、砚台、印盒、水盂、笔筒等；供器有香炉、熏炉、五供；陈设器有插屏、帽筒、梅瓶、对瓶、花盆等；茶饮用器有茶壶、茶杯、茶盘、茶叶罐、咖啡壶、咖啡杯等；生活用器有锅、碗、盘、勺、蛐蛐罐等。其产品多钤九字三行的篆书款"平定县平民工厂出品"，也有四字双行篆书款"平定工厂"，常见的技师有小山、南云等。

工厂的布局

在《平定吏治纪要》书后有平民工厂平面图一张，结合往来公文，可以管窥平民工厂的大概布局。工厂坐南向北，大致呈长方形。门口有吉廷彦为平民工厂撰写的楹联：

天下无弃材善用得人则夏瓦周陶均属利民之器
眼前多至宝曲成有道即丸泥抔土亦为富国之资

吉廷彦在此联的《自序》中写道："是工之兴，发端于前任朱子钦先生，先生任平定刺史时即拟创办是事，以为民利。旋以升迁去，未果行。适余奉委宰此，先生即谆谆命竟其志，幸赖诸绅赞成，于今规模略具，因撰数言，以志先生首倡之德。"

进得大门，右为接待室，左为发行室、图书馆，自北向南依次有织科制造室、总事务室、储藏室、石印馆、餐厅、陶科制作室、陶科教员室、甘泉亭、总理协理室、炭场、窑炉等。

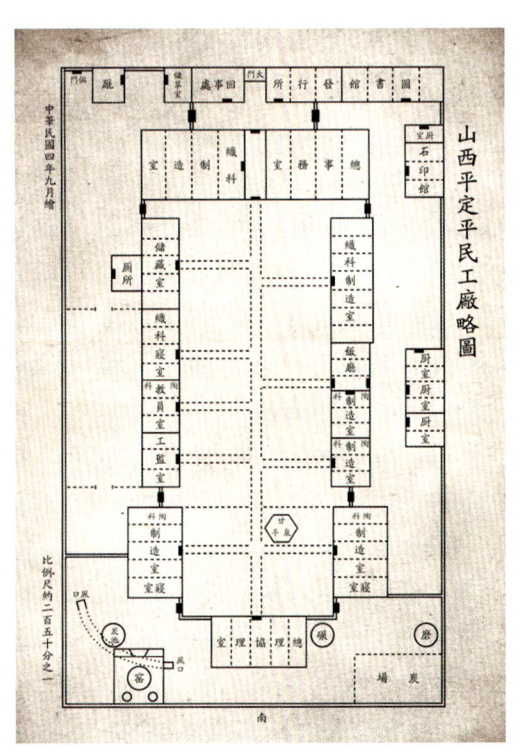

山西平定平民工厂略图

从该布局图中，可以进一步确认以下事实：一是仿造爱国提花等布在平民工厂也同步开工了，并非"专事陶业"。二是产品销售除了在县城设有销售点外，在工厂也有售卖处。

甘泉亭

在平定县上城一带，井水苦涩，居民多从别处取水。平民工厂因夏季开工建设，饮水很受影响，于是吉廷彦让工人在厂院之南凿井一眼，深约20米，源清味甘。又在井上建茅亭一座，取名"甘泉"，并配七言楹联。吉廷彦专文请朱子钤题联。朱子钤欣然答应，撰联一副，并有《题甘泉亭联并序》：平定陶器，经前州牧王子良君仿制东瀛砂壶，余履任察其原质甚细，尤可改良，当属（嘱）盂县令陈君荣民，选聘宜兴工师，未果。余承乏冀宁，吉君硕卿任平，政无不举，懋著循声，当委托吉君极力提倡。余于甲寅春委员赴浙采购桑籽时，绕道宜兴，选聘利用公司李宝贞、杨阿时、朱庆生、吴云根来晋，尽心研究，得矿质多种，不数月而出品精巧，为北省所罕见。从此招生传习，可为晋省开一利源。吉君复于工厂东南，掘井得甘泉，嘱余撰井亭楹联，因制十四字，以志缘起。

物因工巧成精器，地凭人灵出醴泉。

此亭为平面六角形，攒尖式顶，朝东的一面挂"甘泉"匾，朱子钦的对联也挂在这一间。井台周围砌筑开十字孔的花栏墙。

平民工厂甘泉亭

第五节 相关问题之探讨

一、关于平民工厂与平定县陶业公司的关系

1996年义平路（义井—平定）修筑期间，文物部门抢救性地清理了一些墓葬，其中一座民国墓出土了4件紫砂，分别是紫砂壶、盏托、把杯、勺，盏托底款是平定陶业公司，壶之底款是平定县平民工厂，几件紫砂品风格相似，均为红泥紫砂，内施白釉。从4件紫砂器的胎质、风格看，应属一个窑厂出品，以此可知：平定陶业公司与平民工厂应是一个公司，至于为什么两个名称并存，其最大的可能是因为某种原因，工厂的管理层发生变化，再加上这个时期公司之制盛行，遂改名，但平民工厂名声已然在外，遂并行。

1903年，清廷任命知晓西方发展情况与律法的外交官伍廷芳以及袁世凯负责制定公司法，同年7月清廷成立商务部，12月正式颁布《商律》。《商律》是由《商人通例》和《公司律》组成，其中《公司律》则是专为公司发展运营所制定的公司法，也就是清朝最早的公司法。1914年北洋政府颁布《公司条例》，较之《公司律》更为详尽。据统计，在《公司条例》颁布后的第二年，全国各类公司的投资总额已从前一年的9052万银元增加到了16149万银元，至1920年进一步增加到了25278万银元，同时，每家公司的平均资本规模也呈现上升的趋势。[14]正如《中华实业界》所描述的，民国政府厉行保护奖励之策，公布商业注册条例、公司注册条例……咸谓振兴实业在此一举,不数年而大公司、大工厂接踵而起。[15]

在政府颁布公司法的背景下,一些原来顾忌投资没有保障的人就可以名正言顺地成立公司,规定股份构成,避免投资人的后顾之忧。平民工厂最初即是招股成立的,股本一说2万元,一说5万元,当时完成半数股份,也就是说,平民工厂的开办资金不达预算资金,这对于其经营有很大的影响。很快张汝桐就因为资金的问题难以为继,于是民国五年(1916)王家玉入股了,之后,平定工厂加挂"平定陶业公司"牌子,其时间不晚于1920年。据日本大正七年(1918)由日本东亚同文会编纂的《支那省别全志山西卷》所调查到的情况是:筹集资金5万元,每股10元,共5000股。这可能是王家玉经营期间的股本情况,这从另一个侧面证明了王家玉采取的是公司制的模式。

二、抵平的宜兴技师

据吉廷彦记载,朱子钦最初委托盂县知事陈荣民(2011年11月版《盂县志》作陈容民。陈重威,字容民,光绪间江苏武进人,官至浙江定海知事)代聘宜兴师傅,未果;后派员赴浙江购买桑籽时绕道宜兴,从宜兴利用公司聘请4名技师。4名技师分别是李宝珍、杨阿时、朱庆生、吴云根,具体他们是如何分工的、在这里待了几年,鲜有介绍。只是吴云根的履历中屡屡提到,由公司派到平定县指导三年时间。在一位藏友处,见一插屏,一面刻花卉,另一面是文字,额题"陶铸文明",下面记述了事由,因为知县吉廷彦任职期满要离任,4名技师特制以作纪念,落款是:郑如葵、朱庆生、杨如林、吴云根。日本人在1941年的调查中提到"李宝正"。所聘宜兴技师名单有三个出处,有所区别。吉廷彦作为当事人,其记载应该不会有误,合理的解释是,最初请来的是李宝珍、杨阿时、朱庆生、吴云根,但中途李宝珍离开,公司于是另外派郑如葵接替。此外,还有资料说江案卿也曾来过。

至于4名技师的分工,最初的李宝珍应是技术水平最高的,他是制壶的;杨阿时制坯,特别是花盆;吴云根其父为烧窑看火大师傅,可能他侧重烧窑,另外他14岁时即拜汪生义为师,现已出师,擅长筋纹器,所制线圆、弧菱、竹段、传炉等无不精妙,也可能兼顾其他工序,其他人则不甚了了,按说还应该有练泥的师傅。

李宝珍(1888—1943),也写作李宝贞。他师从俞国良,技艺精良,施艺精到,是民国著名壶艺高手"三宝"之一。于1914年春到平民工厂任技师。1933年,应江苏省省长之邀,前往苏州创办陶器厂,任技师,为时二年。后因省长调动,仍回蜀山,以制陶为业。传世作品有鱼化龙、中小传炉、葵仿古、圆条壶、犀登壶。创制的云龙壶,新颖别致,轰动一时,为爱好者争相收藏。

吴云根(1892—1969),又名芝莱。1892年生于宜兴和桥,14岁拜汪升义(汪生义)为师。1914年到山西省平定县任技师,1929年受聘于南京中央大学陶瓷科当技术员,1931年受聘于江苏省立陶瓷职业学校窑业科任技师,1954年进入蜀山陶业生产合作社,1955年11月开始为紫砂厂招收第一批学员传授紫砂

吴云根

制作技艺，1956年被江苏省人民政府任命为紫砂"技术辅导员"，成为著名的"紫砂七大名艺人"之一，为当今紫砂艺术界培养出了如高海庚、汪寅仙、吕尧臣以及葛明仙、何挺初、范洪泉等极有影响力的紫砂艺术大师和名家。

杨阿时（1885—1951），字云如，一说如林，清末民初紫砂艺人。其作品绘画精细，富有文人意趣，1914年曾受公司委派到平定县帮助筹建平定县平民工厂，试烧成功并有创新，历时三年。

朱庆生，生平不详。

江案卿（1878—1949），宜兴大浦人，善制筋纹壶。

三、利用公司和利永公司

吉廷彦记载当时是从宜兴利用公司聘请的技师，实际上，当时宜兴还有一个公司名叫"利永公司"，《民国紫砂史话》等多数资料都认为吴云根、李宝珍等是利永公司的技师。根据百度百科中吴云根、李宝珍的个人资料介绍，也说是利永陶器公司。这样就产生一个问题：平定县从宜兴聘请技师，却搞错了技师所属公司，这样的可能性大不大？

韩其楼《紫砂壶全书》："辛亥革命以后，宜兴周文伯……聘用邵永裳为利用公司经理……在上海、天津开行设店……继后利用公司改名利永公司"；徐秀棠《中国紫砂》："1912年前后，宜兴芳桥开明人士周文伯提倡实业，创办利用陶业公司，聘任邵咏常为经理""利永紫砂陶业公司于1920年成立，创办人是蜀山人邵惠如……公司建有自己的永安窑（龙窑）"；1919年江苏省实业厅派员姚日新视察宜兴时，利用公司与利永公司并存；1992年《丁蜀镇志》"大事记"："民国二年（1913），利永陶器公司在蜀山成立"，同书"陶瓷工业"又记："民国二年（1913），江苏省实业厅先后投资合股在宜兴蜀山开办利用、利永两家陶业股份公司"；范伟群等拜访原利永公司第三任经理邵仲和，据老人介绍："利永公司是邵家独资企业，且1911年先在上海注册，地点在上海城隍庙，后在蜀山开设工厂。"陈茆生、范伟群等经研究后认定："利永、利用是两家不同的陶业公司，且都在上海有商店——发行所，而在蜀山有生产基地。"[16]

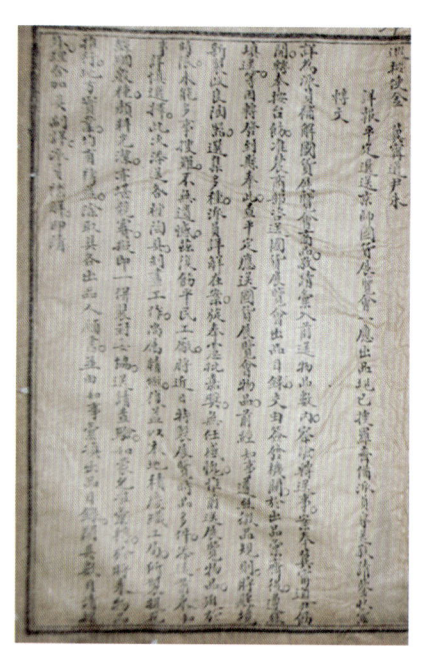

《平定吏治纪要》关于选送产品参展的公文

那么平定县所请技师是属于哪个公司的？《平定吏治纪要》多个公文有记："幸蒙道尊指示方略，饬令组织平民工厂留心研究，以观厥成；又承函致江苏宜兴利用公司，订聘工师李宝贞等，到平试制"[17]；"昨奉钧谕并转康俊生先生及宜兴利用陶器公司来函，敬悉代聘陶器工匠一事，准可顾觅来晋，薪资旅费年逾两千余元"[18]。从中可清晰地知道，所聘工师是宜兴利用公司的。至于利用和利永二公司是并列存在还是承袭的关系，尚难判断，可以肯定的是，利用公司在1914年以前已经存在，而且自身的生产已经进入正规，这样它才有能力输出技术。

四、参加京师国货展览会

1915年6月18日经袁世凯大总统批准，农工商部开始筹办京师国货展览会。顾问雍涛、工商司司长陈介分任正、副会长，内务总长朱启钤任物产品评会会长。18个省2个特别行政区筹集近10万件物品参展。会场位于先农坛，分一、二展馆。

一馆为楼房，展示工艺品、矿产及农林水产物品，二馆为机械产品。各省均通知县区积极参加。平定县署也接到通知，并认真筹措展品，收罗了平民工厂多种紫砂器和积庆织工局的提花丝绸。上报到省政府后，吉廷彦因为倡导有功，获授一等金质奖章，于是又督促平民工厂专门赶制新品，补充上报参展。展会于10月1日开始，持续20天后闭会，游览人数平均每日不下万人。前10日为展示，后期为展销，大约1/3的展品售出，展会取得极大成功。

展会评奖中，平定紫砂器被评为陶瓷类二等奖，与江西邓碧珊、余森茂、胡献瑞瓷器同组[19]。由于资料缺乏，尚难知晓本次展会平民工厂究竟推出哪些品类的紫砂，但其中的白泥紫砂无疑会名列其中。一方面，宜兴技师亲口介绍，此为"南制所无"；另一方面，通过一些记载也可从侧面得以佐证。1919年《大中华山西地理志》说"平定平民工厂陶器泥质细腻工作鲜明""陶器不让江苏宜兴"。1923年齐耀琳所编《山西调查记》"平定县平民工厂之灰色梅把杯"赫然在列。

这是平定紫砂在全国展会上首次公开亮相，经此一役，平定紫砂和平民工厂渐为世人所知，为平定紫砂打开销路、扩大影响起到了很好的宣传作用，从平定县署到民间人士都信心大增。知县吉廷彦乐观地认为："倘再精益求精，此种利源定能从此开辟。"

第三章 平定紫砂的发展

第一节 百花齐放的紫砂工厂

在存世的平定紫砂器上很多都有公司款，除了平民工厂、平定工厂外，还有平定陶业公司、平定复兴公司、平定复新工厂、平定大兴公司、平定利民工厂、同义窑厂、古义舍、祥义窑业等，说明在解放前的平定县有众多的工厂在从事紫砂烧制。但这些公司、工厂何时开窑，何时停烧，相关记载很少，也难于准确排列比较。

根据文献的只言片语和器物本身的落款和铭文，大致可以勾勒出平定紫砂生产企业此起彼伏的发展历程。

1914年春夏时节，宜兴技师到平定后，与张汝桐等筹备人员，共同开展试制，此时的作品落款为"平定工厂"。1915年7月1日平民工厂正式建立，平定县署拨交工厂库平银3000两折合大洋4432元，另有大洋12000元作为资助，但规定只是以其利息资助，不能动用本金。1915年8、9月间，平定县署根据冀宁道尹的安排，先后分两次收罗展品，参加北京国货展览会。1916年，张汝桐经营遇到资金困难，暂时歇业，于是技师纷纷出走自谋生计，多数到阳泉站附近小规模烧造，随制随售，款识中"平定陶器特产""平定陶磁"可能就是此际的作品。这一年，王家玉出资购买了工厂，张汝桐成为工厂的技师，这期间公司增加"平定县陶业公司"的名称。到1918年王家玉的经营也出现问题，这时宜兴技师已经离去，生产效率降低，产量下降，另外经理在决策方面欠妥，导致业务日渐颓败，而成本和损耗却居高不下。为了挽救企业，这一年冀宁道和财政厅派人到平定县，与县长共同研究整顿办法。经批准后，决定重新改组生产，将原拨款项变更为流动资金，约定到1927年，分年度将所拨款项归还财政。未知何故，此项动议未能立即执行，在1924年左右，王家玉最终因为资金的原因而关闭了窑厂。1925年，官绅集资万余元，将阳泉的小作坊等整合经营，定名为"晋艾陶器有限公司"，也叫"晋艾陶磁公司""晋艾陶器工厂"。[20] 晋艾陶器工厂一直经营到1931年依然存在，1935年前停烧。

不晚于1927年，平定县署响应民间发展"平定烧"（日本人对于平定陶瓷的称呼）的呼吁，县署和士绅共同出资4万元，各自占股50%，恢复紫砂的烧制，这是平定陶业公司的延续，此时的工厂名称应为"平定复兴陶器公司"，也称"平定复兴公司"。在众多作品的落款中，"平定复新工厂"和"平定复兴公司"两种并存，二者应该是同一工厂的不同名号。王士秀为技术总负责，公司的紫砂制作技术进一步发展，挂釉产品大行其道，盛极一时。

复兴公司延续时间比较长，直到1935年编制《平定县十年建设计划案》时，该公司依然存在，但1936年6月17日，《天津益世报》报道平定瓷厂停办，"遂使数十年历史之陶业告一结束矣"，这里的瓷厂当指复兴工厂。1939年周顺康编写的《山西》只提及保晋公司、河底山泉的铁器、冠庄的陶瓷，没有提到风光一时的紫砂；昭和十五年（1941）"满铁调查科"的调查报告说此时平定紫砂"踪迹全无"。随着农村经济的破产和日军侵华并占领平定县和阳泉站，民不聊生，品茗弄壶已成梦想，绝大多数紫砂从业者产销两难，不得不停业了。

1945年，抗日战争取得胜利，民心思定，百废待兴，紫砂艺人们也迫不及待地重操旧业，窑火重新燃烧起来，这时期比较确定的有"自新公司"。

在大的陶业公司停产之际，自谋出路的手工艺人相继成立了许多紫砂作坊，自产自销，如平定县鼎修陶器工厂、平定大兴公司、平定利民工厂、同义窑厂、古义舍、祥义窑业（祥义工厂）等，但很详细的兴废时间却难以考证。

第二节 百舸争流的紫砂艺人

现在的紫砂生产，由于矿料加工水平和效率的提高，使得工艺较前有很大的改进。原来的紫砂生产没有模具，全是手工制作。这些工匠，多数文化水平不高，甚至连名字都写不了，但还是有少数工匠在器物上留下款识，自己也随之扬名后世了。从有限的存世品上，可以统计到30余人，有些款识是宜兴师傅的，不排除某些艺人有若干名号，但现在还不能完全确认。按落款名号出现频率分列于后：小山、晓山、南云、玉山、密卿、鼎甫、隐陶氏、戎克恭、敬修、芸生、彬如、林生、杨善甫、闫士文、绍祖、信都居士、张苑士、逸民氏、王士俊、贾士敏、子三、子青、子祥、崔清桂、冯树璠、白纯束、阿时、杨如林、朱庆生、吴云根、子贞、子玉、子心、泉石居士、秋塘、郭世茂、浦臣、子明、沐臣、拙如、刘元茂、南嘉山人……

制坯师傅：吴云根、绍祖、密卿、善甫、信都居士、彬如、傅臣、林生、鼎甫、戎克恭

陶刻师傅：南云、刘汇川、贾士敏、隐陶氏、小山、拙如

绘事师傅：南嘉山人、小山、晓山、秋塘、芸生、玉山、子青、泉石居士、子祥、子贞

平民工厂的技师有：小山、晓山、南云、子祥、子贞、阿时、信都居士、子青

陶业公司的技师有：彬如、敬修、石拙、密卿、沐臣、拙如、朴城、王士俊、小山

复兴公司的技师有：密卿、戎克恭、小山、隐陶氏

复新工厂的技师有：密卿、逸民氏、刘元茂

部分款识的考证：

南云

为平民工厂技师，其题款的作品均为1915年所产，之后再不见南云款。推测，南云者，"南方一片云"，吴云根也。即取名字中一字，又暗指自己来自南方，漂泊他乡。此号只是吴云根在平定期间短暂使用，回宜兴后再未使用，所以关于吴云根的资料介绍中，对于此号从未提及。

小山/晓山

"小"与"晓"混用，应该是同一个人，偶尔自称"石艾小山"，说明他是平定县本地人。朔州马邑博物馆有一件"三友方壶"，壶上钤两方印"晓山""小山"，更加说明为同一人。根据紫砂作品上他的陶刻成就来看，此人应该有较好的文化修养和书法基础。

密卿

此人的作品从初期一直到20世纪30年代，延续较长时间。但是关于作者本人的其他资料非常少。平民工厂的协理王士秀，字实卿，系复兴公司的技术总负责，该款或许与之有关。

杨汝澄

平定县西关村人，生于清光绪初年，20世纪40年代去世。长于书法绘画，尤擅书法，曾在平定圣庙小学任国文教员。

李延

字玉山。某君藏2件六方笔筒，一为花鸟纹，落款"丁巳春小山"；一为梅花纹，落款"丁巳夏玉山"。两件器物的落款字体一致，很明显是同一人所书。另有"柳湾渔乐"茶盘落款小山，侧面钤"李延"，花卉纹茶盘落款玉山，侧面钤"李延"。如果不是单纯表明该茶盘是李延所制的话，那就说明小山、玉山为同一人，此人就是李延。

第四章 平定紫砂的艺术成就

平定紫砂在较短的时间里就取得跨越式的发展绝非偶然，这与当地厚重的陶瓷烧造历史有极大的关系。新石器时代，在境内河流沿岸分布着许多文化遗址，在文化层中发现的器物陶片充分说明先民已经掌握了制造陶器的技能。五代时期，柏井村一带窑炉众多，主要烧造白瓷，属于定窑系。从事瓷器生产的匠人非常多，到金代受战争的影响窑炉停烧，窑户们纷纷四处避乱，并在其他地方落脚并继续生产，客观上扩大了瓷器烧造技术的传播。明清时期，牵牛镇村也升起了瓷器生产的炉烟，产品以粗笨厚重的缸和缸胎器物为主。不晚于北宋，平定砂器也走进了人们的生活。

当平定千百年来的陶冶技术与宜兴的紫砂制作技艺碰撞后，很快就迸发出耀眼的光芒。虽然地方陶工最初只是亦步亦趋地跟随，但他旧有的传统积淀必然会在作品中有所反映。

特殊的发展历程，使平定紫砂从诞生之日起，直接步入其发展高峰，随着宜兴技师的离去，产品总体质量和器物类型是偏下行的，这也从另一个侧面说明，宜兴的成功不是一朝一夕之功，想全面掌握这门手艺也远非三两年就能出师。尽管如此，部分艺人的作品还是可圈可点，基本掌握了宜

砂都异彩

平定砂锅拍打成型工艺

兴技艺的精髓。这些紫砂器，或精细，或拙朴，或高雅，或民俗，有传统，有发展，不一而足。

探究平定紫砂在发展方面的风格特点，大约有几个方面：

一是工艺流程的承袭。除开采矿石、陈腐、粉碎、练泥外，技师们将宜兴成熟的泥片拍打成型和裁接技术引入平定，相比较而言，这个技术对于平定的业者并不陌生，也很容易接受。平定砂器制作也是先打泥片，然后在模具上塑型，二者有相同之处。所不同者，宜兴紫砂前后用到的各种工具达20多种，平定砂器不过寥寥数种，这实际上反映了二者精粗之别。

二是器型的沿袭。平定紫砂的造型，多承自宜兴。宜兴的器型样式，在平定的工厂里都可以生产出来，且有所创新。除继续生产日用品外，还烧造陈设器，成为社会名流馈赠的佳品，从吉廷彦转任前给他的上司——巡按使金道坚呈送的镜屏以及他本人离任前宜兴技师合伙送他的镜屏可见一斑。

三是装饰风格的复制。除了紫砂特有千变万化的本色"演出"之外，还有钧釉以及陶刻。钧釉装饰是在素烧紫砂器上施釉，低温二次烧成，因为与胎体的膨胀系数不一致，故产生网状裂纹，似仿哥釉之开片。颜色有白色、天青色、灰白色、蓝色等。明代时大彬开创紫砂陶刻装饰之风，使紫砂壶在实用的基础上，"标大雅之遗，擅空群之目"。清嘉道之后，以陈曼生为首的文人介入，使陶刻装饰进一步升华。陶刻有切壶、切情的铭文款识，也有一面绘画、一面诗文的。诗词内容在宜兴紫砂上多能找到，平定砂器更多见钟鼎铭文款识，绘画内容很多摹自木刻印本画谱，也有仿自新罗山人、罗阳山人、大涤子等画作。装饰技法更见精巧，刻工日趋流畅。

四是地方特色的凸显。平定紫砂的特点主要还是承继宜兴流行的风格，一方面是所聘技师其师承即是如此，他们教授生徒也难脱所学，另一方面这也是市场所比较认同的风格特点。

首先是新的紫砂矿料的发现。宜兴技师在筹备阶段，四处找矿，反复试烧，敏锐地发现平定矿石与宜兴矿石的相异之处，屡经试验，终于创烧出异于"南省诸地所罕见的白色壶料"。1939年编写的《山西》记录平定特产时就提到"灰色梅把杯"，可见这种白色系列的产品在当时还是很有影响力的。

其次是树皮雕大行其道。宜兴技师在传统松柏类仿生树桩的基础上，以北方常见的槐、榆树为素材开发出的一种装饰技法——仿生槐桩：器物外壁贴敷泥片，经堆塑、戳印等手法使器表呈现槐树皮的肌理，但在特定部位"留白"，呈现树皮撕裂露出树干的效果。留白部位一般会有书、画装饰，代表性器物有槐桩壶、槐桩把杯、槐桩笔筒、槐桩花插等。艺人抟泥塑形，略施刀工，泥土在不经意间破茧成蝶。树皮雕的器物质朴中见精细，它的粗率一定程度上弥补了部分工艺方面的不足。

最后是借鉴瓷器施釉工艺形成的紫砂挂釉产品占比很大。这种器物是在烧成的紫砂素器上施釉上彩，再入窑进行二次甚至多次烧制而成的。紫砂挂釉工艺使紫砂器的艺术表现形式更加多样，既满足了人们的审美需求，也使日常清洁护理更加方便。但由于釉料掩盖了紫砂固有的天然肌理，也将紫砂泥特有的透气性埋没掉，不利于散热、保鲜、驻味，故一般不会在茶壶上应用，主要应用在笔筒、水盂、印盒等文房用品及瓶、盘、盆、罐等陈设器上。这些釉色因为二次烧成的收缩率不同，而有或大或小的开片。

第五章　再续辉煌

1958年，平定县手工业管理局筹建大峪瓷厂，场址位于大峪村梦楼院和大宅院，占地面积9000平方米。历任厂长有赵容田、李士本、王召财，职工编制60人，部分老技术员曾从业于平民工厂和陶业公司。其中名望较高的有专事设计陶刻的刘汇川，其弟子有白云、周正华等；造型匠王德，其弟子有王宝玲等；烧窑组由刘连生、景连润、刘召金、张彻组成。

←岩会陶瓷厂同仁合影（前排中间为王德，后来被邀请到平定大峪瓷厂）

1962年5月开始试制宜兴红瓷（即紫砂器），故大峪瓷厂生产的紫砂产品也被称为红瓷。到1963年8月已经生产出壶、花盆、瓶等21种产品1200多件。1964年从宜兴请来吴亚平、沈志强、蒋祖良、丁剑锋、许和生5位紫砂技师，传授制作技艺。另外，大峪瓷厂还派出刘汇川、白云、周正华、王德、王宝玲、康雨春等人去宜兴学习。[21] 1966年，大峪瓷厂和冠庄陶瓷厂合并，技术工人和生产整体转入冠庄陶瓷厂。

20世纪80年代，是平定紫砂的又一个发展期。平定冶西镇苇池村

大峪瓷厂师徒合影
前排左起：许和生、蒋祖良、沈志强、吴亚平、丁剑锋
中排：毕喜萍、和　平、李　英、刘文正
后排：王秀云、王龙文、张宝珠、李桂兰

砂都异彩

冠庄陶瓷厂同仁合影,背后即是馒头窑炉

于1987年投资办起了集体所有制企业——苇池紫砂工艺陶瓷厂,同样聘请了江苏宜兴的技术工人前来指导,他们有陈赛玲、董亚芳母女和蒋慧芳等。工厂主要生产紫砂类的树皮花盆、笔筒、鱼化龙壶、山水盆景底座,后期主要开发生产路面砖和其他建材产品,从业人员最多时达到50多人。

21世纪以来,在产业结构转型升级、文化产业蓬勃发展的背景下,地方政府非常重视平定紫砂产业的发展,在专项基金、人才培养、文化研究等方面提供政策支持,积极鼓励民间企业复兴平定紫砂,许多对平定紫砂有着深厚情结的民间人士积极参与到保护、挖掘、传承平定紫砂的事业中来。2013年,张文泽等人创办了平定亨泰紫砂有限公司,专门制作紫砂器。2015年9月,成功复烧的平定紫砂器参加了第二届山西文化产业博览交易会,沉淀百年的平定紫砂文化再度兴起,再次回到山西文化产业的舞台,并取得了一块金奖、一块铜奖的不俗业绩。同年底,平定紫砂成为阳泉市非物质文化遗产保护项目。历史就是如此的巧合,在诞生百年后的今天,平定紫砂这一北方陶瓷艺术中的瑰宝,经历涅槃,又获重生。

平定县政府下大力营造"亲商、安商、富商"的良好环境,吸引宜兴客商到平定县投资办厂。在"筑巢引凤"政策的吸引下,宜兴人任红军成了全县引进的第一批紫砂客商之一。他在2017年6月注册成立平定紫砂研究所,并建起了破碎室、炼泥室、滚浆室、原料室、烧成室及教学楼和产品展厅,专心研发紫砂作品,为全县培养本土紫砂匠人,打造"宜兴有的平定有、宜兴没有的平定有"的特色紫砂品牌。2017年,县政府筹办了"南宜兴·北平定"紫砂产业发展论坛暨紫泥作品展,邀请宜兴紫砂名师共聚平定交流探讨、共画蓝图,随后每年一届,至今已相继举办了四届,使得平定紫砂品牌影响力逐年提升。2018年以来,平定县明确设立了紫砂产业专项扶持基金,并相继出台了《平定县关于扶持紫砂产业发展的办法》《平定县紫砂产业专项扶持基金管理办法》,千方百计让客商愿意来、留得住。

在市、县政府的大力扶持下，平定县紫砂产业蓬勃发展，一批龙头企业和标准化作坊如雨后春笋般蓬勃兴起，3年来共注册成立紫砂企业、工作室达74个，培训紫砂工匠1600余人次，部分学员的作品已经进入市场，有的学员还自己成立公司，不少作品频频外出参加展出并获大奖，本土紫砂工匠正在释放产业发展的新动能。

2017年首届紫砂竞赛现场

2018年12月紫砂强化培训班培训成果展示

注释:

[1] 明·周高起《阳羡茗壶系》：近百年中，壶黜银锡及闽豫瓷，而尚宜兴陶，又近人远过前人处也。陶曷取诸，取诸其制，以本山土砂能发真茶之色香味，不但杜工部云"倾金注玉惊人眼"，高流务以免俗也。至名手所作，一壶重不数两，价重每一二十金，能使土与黄金争价。世日趋华，抑足感矣。因考陶工陶土而为之系。

[2] 明·张岱《陶庵梦忆》卷二·砂罐锡注："宜兴罐，以龚春为上，时大彬次之，陈用卿又次之。锡注，以王元吉为上，归懋德次之。夫砂罐，砂也；锡注，锡也。器方脱手，而一罐一注价五六金，则是砂与锡与价，其轻重正相等焉，岂非怪事！一砂罐、一锡注，直跻之商彝、周鼎之列而毫无惭色，则是其品地也。"

[3] 朱云峰等：《对紫砂壶起源之争的辨析》，载于《农业考古》，2015年第2期；潘岷：《从考古材料研究紫砂的起源和演变发展》，载于《中国美术研究》，2019年第1期。

[4]《三十年来之山西》为晋阳日报卅十周年特辑，民国二十五年（1936）印行。

[5] 郁永彬等：《甘肃张掖西城驿遗址陶器的科技分析与研究》，载于《考古》，2017年第7期。

[6] 高明奎：《后李文化制陶技术的初步观察》，载于《史前研究》，2002年00期（年刊）。

[7] 鲁晓珂等：《夹砂陶器掺合料的初步研究》，载于《文物保护与考古科学》，第30卷第5期，2018年10月。

[8] 同[7]

[9] 刘圣宜：《清末实业救国思潮兴起之原因探析》，载于《广东社会科学》，1995年第4期。

[10] 王格格：《清末日本外销中国陶瓷器述评》，载于《南京艺术学院学报（美术与设计）》，2018年第2期。

[11] 同[10]

[12]《南洋商务报》于清光绪三十二年八月一日(1906年9月18日)在南京创刊。半月刊。江南商务局主编，南洋官报局印刷，夏仁瑞、陈嘉淮、谢潘斋等主笔。以刊登商务奏议、公牍、律令为主，译录外人论说。宣统二年三月(1910年3月)改名《南洋商报》。

[13]《令文缉要》，山西省长公署统计处编辑，1920年校印。

[14] 龚骏：《中国新工业发展史大纲》，1933年商务印书馆出版，第114-115页。

[15] 郭瑞琴：中国政法大学博士学位论文《略论近代中国公司法律制度》第2页。

[16] 陈茆生、范伟群、杨世明、陈家稳：《民国紫砂史话》，2012年10月江苏美术出版社出版。

[17]《平定吏治纪要》（1915年）之《详报创办平民工厂暨附设乙种工业学校谨拟具简章请查核立案文》。

[18]《平定吏治纪要》（1915年）之《上朱道尹书》。

[19]《国货展览会报告书》。

[20] 江思清著《景德镇瓷业史》，民国二十五年（1936）中华书局发行。

[21]《大峪村志》第129页，内部出版物，2014年印刷。

陈设

平定紫砂器多有精美的陶刻书法绘画装饰，尤以陈设器为多，其内容大多经过精心构思，小巧精致、言简意切，然后经过南云、晓山等陶刻高手施刀于器，书画高雅、刀法遒劲、法度严谨，形体装饰相得益彰，瞬间成为集诗书画印为一体、各具独立功能和人文品格的艺术珍品，彰显着使用者的淡泊与优雅，深受文人雅士喜爱，成为社会名流、上层人士馈赠之佳品。

平面长方形，自铭"插镜"。正面红釉，剔刻牡丹，以阳雕手法逐层剔制，精细逼真地表现了花卉草叶的繁茂与舒卷，刀法俊逸爽利。落款"平定工厂南云刻"；背面黑釉，刻题富贵寿考，下为叙事长文，落款"内务部记名前平定县知事吉廷彦敬题"。内文记述了平定知县吉廷彦与山西巡按使金道坚的交往，故在即将转任的1915年冬特让平定工厂制作了一方紫砂插镜赠与金大人，以谢知遇之恩。整件作品画、文兼具，相得益彰，体现了平定紫砂"素""雅"的特性，是平定紫砂早期的代表作品。

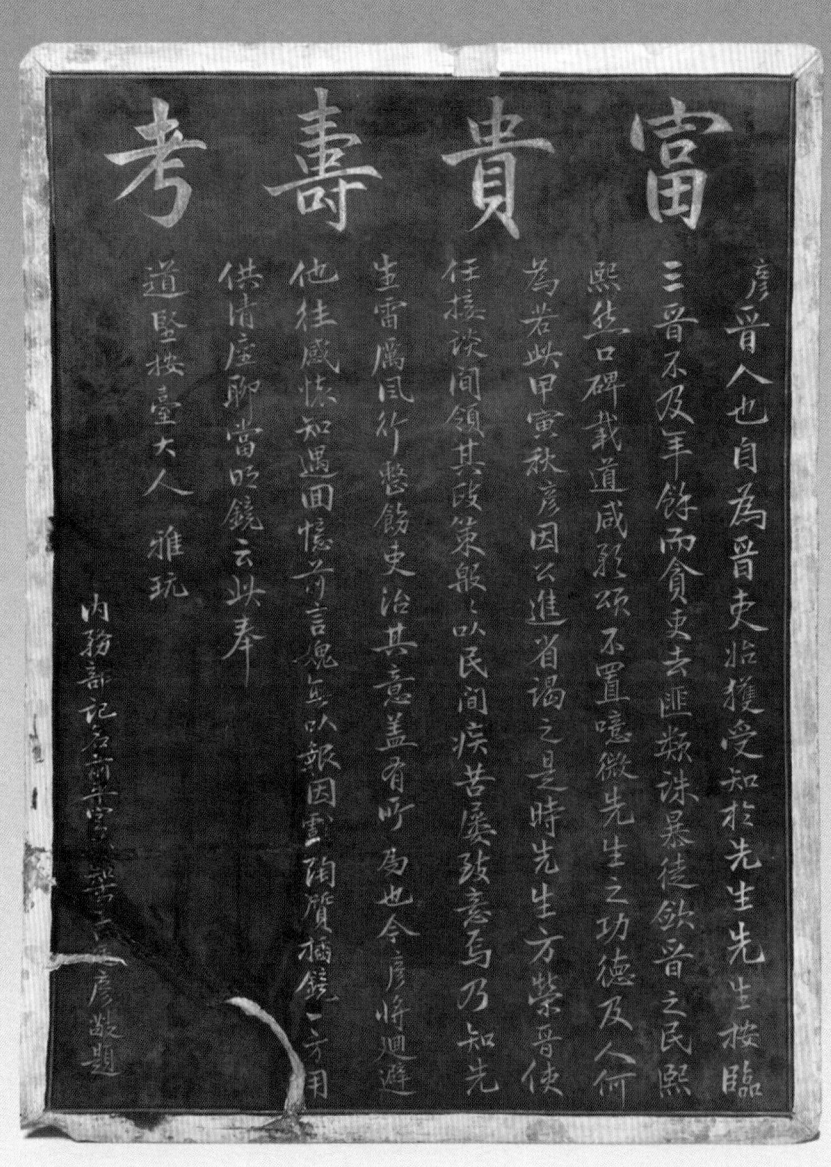

● 民国"富贵寿考"插屏

长40厘米，宽29.5厘米

1915年

平定工厂制

砂都异彩

平面长方形,自铭"插镜"。正面红釉,剔刻山水茅屋图案,上题"风回绿抱平堤水,林缺青分隔岸山。时在乙卯孟秋,敬奉硕卿先生雅鉴,弟杨如澄题"。硕卿即平定知县吉廷彦;背面绿釉为底、白釉书文,上题陶铸文明,下为叙事长文,记述了硕卿县长开办平民工厂、卓有成效,在其即将转任之际,几位陶业教员特制该插屏相赠的故事。落款"陶业教员郑如葵、朱庆生、杨如林、吴云根敬赠"。该插屏书文洒脱、刻画精细,具有较高的艺术价值、史料价值,尤其是四位陶业教员的落款颇为难得,为我们研究平定紫砂初创时期的面貌提供了宝贵的实物资料。

陈 设

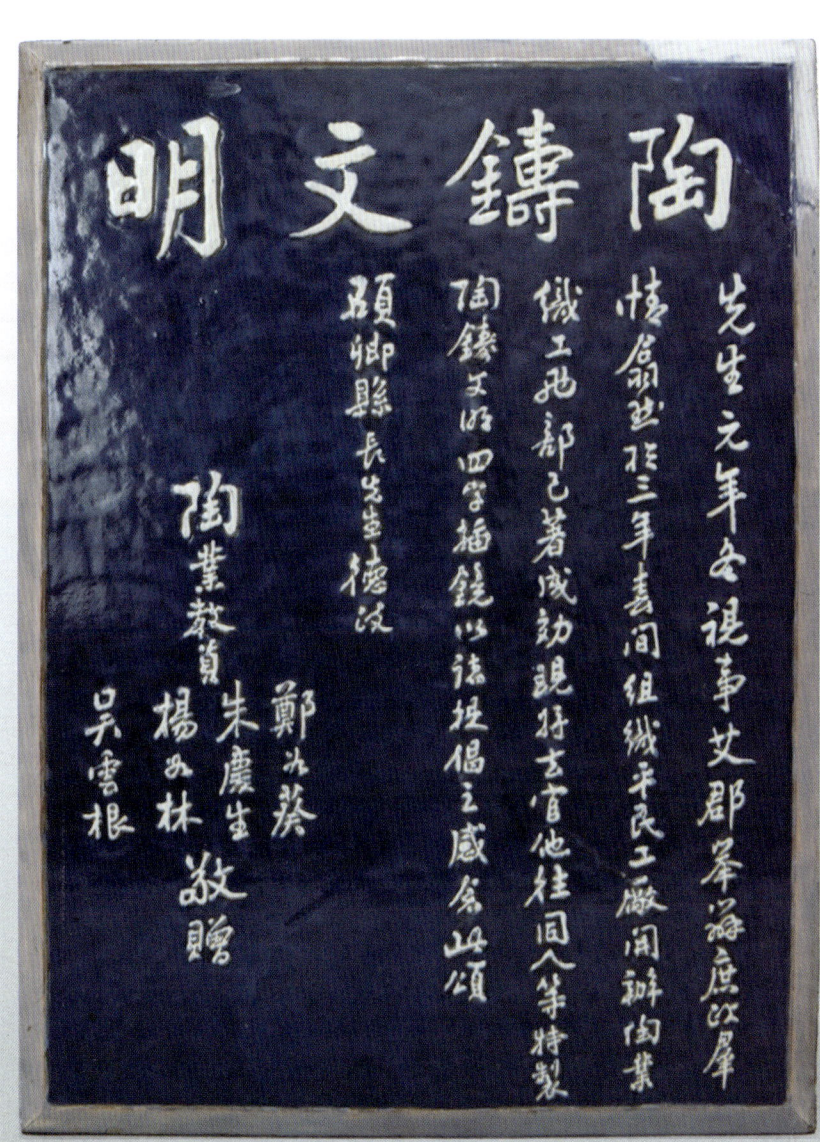

● 民国"陶铸文明"插屏

长40厘米，宽29.5厘米
1915年
平定县平民工厂制

砂都异彩

● 民国刻金文仿树皮插屏

高40厘米，宽33厘米

1925年

平定复兴陶器公司制

平面近方形，分为屏身和屏架两部分。屏身正面做仿生树皮样式，以堆塑、戳印等手法呈现出树皮的肌理，点缀以树瘤、节疤，中部留白，呈现树皮撕裂露出树干的效果，刻画仿金文"叔作宝彝""右叔彝器铭各二字"字样，落款"乙丑孟夏石艾隐陶氏镌"，下部钤印"平定复兴陶器公司"方款，另有多个异形画押款，背面墨书"定化"二字；屏架为核桃木，镂雕卷草图案。

陈 设

● **民国南云款竹纹梅瓶**
高36厘米，口径8厘米，足径9厘米
1915年
平定工厂制

胎体紫砂白泥，直口，长颈，丰肩，肩以下斜收，二层台足，平底。该瓶器表满覆一层薄红泥料，略加剔刻露出白胎，红白映衬，十分精致，一面剔刻修竹数枝，一面剔刻行书"玉壶买春 赏雨茅屋 坐中佳士 左右修竹 白云初晴 幽鸟相逐"，落款"时在乙卯孟夏之月 平定工厂出品 南云刻"。该瓶乍看形制颇为特殊，似与传统的梅瓶不同，但从口沿断面看应是原始口沿残损后，截掉后重新修整而成，从主人对它的珍爱程度可以想见当时平定紫砂的珍贵。

砂都异彩

● 民国铺首衔环汉洗铭对瓶

高72.5厘米，口长17.5厘米，口宽12厘米
底长19.5厘米， 底宽14厘米
平定陶业公司制

陈 设

椭圆口，直颈，斜肩，长方体身，座足外撇。肩下贴塑模印寿字一周，瓶身左右各塑一铺首衔环，近底侧贴塑蕉叶纹。方瓶一面刻篆书"章和元年堂狼造"及隶书"摹汉章和洗铭七字　白纯束敬制""炳如科长大人钧鉴"等字样，另一面刻山水图，并题诗"叠翠春山又几重，绿荫深处万千松。熏风更带微寒意，吹得诗翁策短筇。云亭""古柏森森寺外斜，桥横地僻俗尘遐。路前冷落稀人迹，薄暮僧归茗尚余。云亭"。底款为"平定陶业公司"六字篆书。该对瓶形体硕大、刻画精细，是目前所见体型最大的器物，也是平定紫砂早期的精品之作。

— 31 —

砂都异彩

● 民国吴云根制博古人物纹对瓶

高51.5厘米，口径20厘米，底径19.5厘米
1915年
平定工厂制

陈 设

撒口，长颈，丰肩，肩以下渐收，底足外撇。器身纹饰分三层。颈部刻花鸟图、金文和行书联句"书成焦叶文犹绿，吟到梅花句亦香""满架图书标甲乙，庭庭花鸟记春秋"，南嘉山人写，南云摹镌。腹部刻古文字、隐士图并题记"民国四年元宵日平定工厂仿造 平定知事吉廷彦监制 南云氏摹古刻"，胫部刻花卉和诗句。瓶底分别钤印篆书款识"冀宁道尹朱善元监制，芝来；平定知县吉廷彦监制，芝来"。

该对瓶是由吴云根制作、南云题刻的一对精品陈设器，是平定紫砂初创阶段的代表性产品。整体造型优美、构图严谨、刻画细腻、内涵丰富，反映了宜兴技师高超的工艺水准，也成为平定紫砂改良成功的实物例证。

— 33 —

砂都异彩

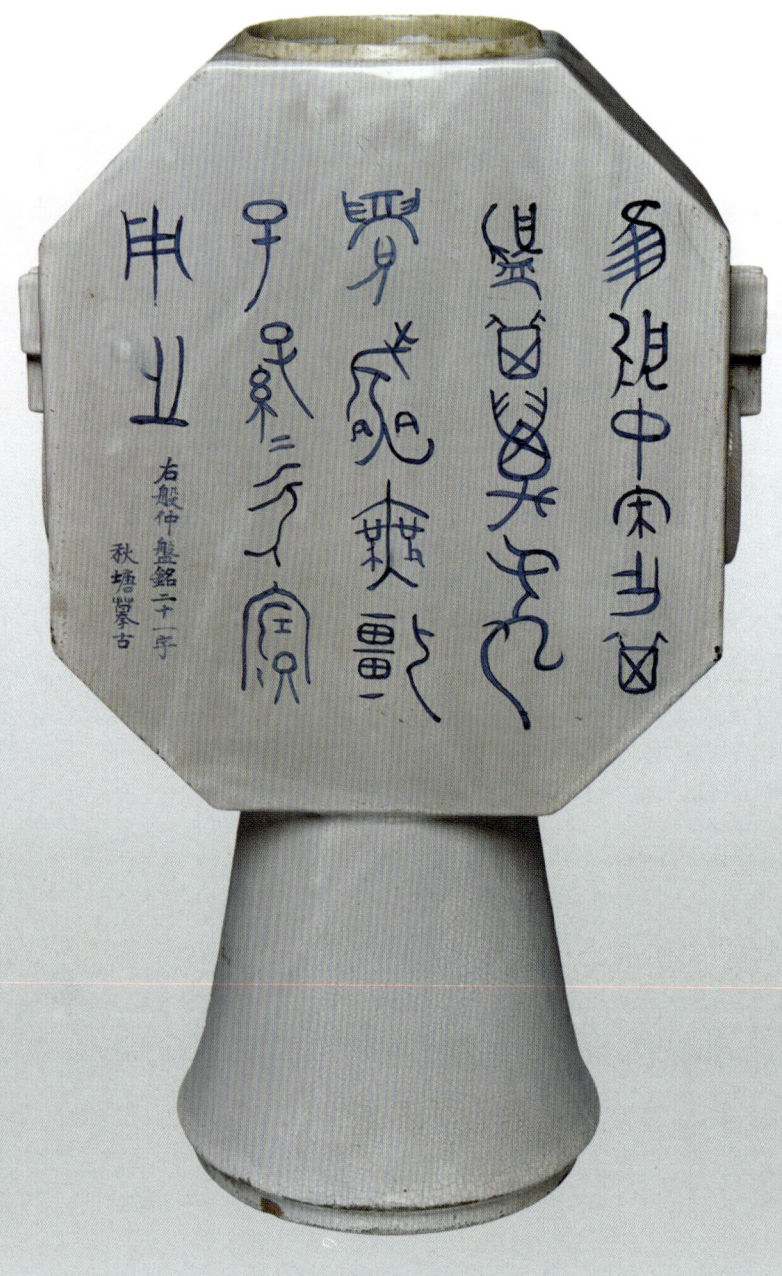

器身上部为竖立的八方台形瓶体,顶端开口,两侧塑铺首衔环,下部为喇叭状高圈足,器外遍施白釉,满布开片。瓶体正面彩绘"远浦归帆"山水图,上题"远浦归帆 秋塘"。背面为仿古金文"隹般仲宋作其盘,其万年眉寿无疆,子(子)孙(孙)永宝用之""右般仲盘铭二十一字 秋塘摹古"。此瓶形制独特,制作精细,意境深远,内涵丰富,是不可多得的陈设佳器。

陈 设

● 民国秋塘款白釉异形瓶
高44厘米，口径11.3厘米，足径19厘米

砂都异彩

● 民国绿釉冰梅纹冬瓜罐

高19厘米，口径1厘米，腹径16.5厘米

平定县平民工厂制

  因形似冬瓜而得名。胎体紫砂白泥，平沿，束颈，丰肩，高筒形器身，通体施绿釉，上绘梅花，底钤篆书款"平定县平民工厂出品"。整体造型优雅大方，有清逸雅趣之味。

陈 设

因状若悬胆而得名。胎体紫砂白泥，长颈，溜肩，鼓腹，卧足，通体施天蓝釉，上绘梅花，底钤篆书款"平定陶业公司"。整体造型小巧精致，颇具韵味。

●**民国天蓝釉冰梅胆瓶**
高20厘米，口径3厘米，腹径10厘米
平定陶业公司制

砂都异彩

●民国白釉花卉纹梅瓶

口径4.5厘米，高22厘米
1919年
平定县平民工厂制

　　胎体紫砂白泥，圆口，短颈，溜肩，长斜腹下收，卧足。通体白釉，满布细碎开片。正面蓝彩绘折枝花卉，背面题诗文"好花秋更丽，何不羡春华"，落款"己未夏子贞氏作"，底部钤印"平定县平民工厂出品"篆书方款。

 陈 设

● **民国白釉花卉纹梅瓶**

口径4.5厘米，高22厘米

1919年

平定县平民工厂制

砂都异彩

　　胎体紫砂白泥，侈口，束颈，溜折肩，直腹，二层台足，两侧堆塑铺首衔环。通体白釉，满布细碎开片。正面彩绘"和合二仙"图，背面书诗文"高枕初醒万境空，坐间指照有仙翁。世途无限劳劳者，总入炉生一梦中"。侧面分别书联"古砚不妨留宿墨，清瓶如意插新花"和落款"时属己未年清和月上浣，信都居士作"，清和月上浣即农历四月上旬。底部钤印"平定县平民工厂出品"篆书方款。

陈 设

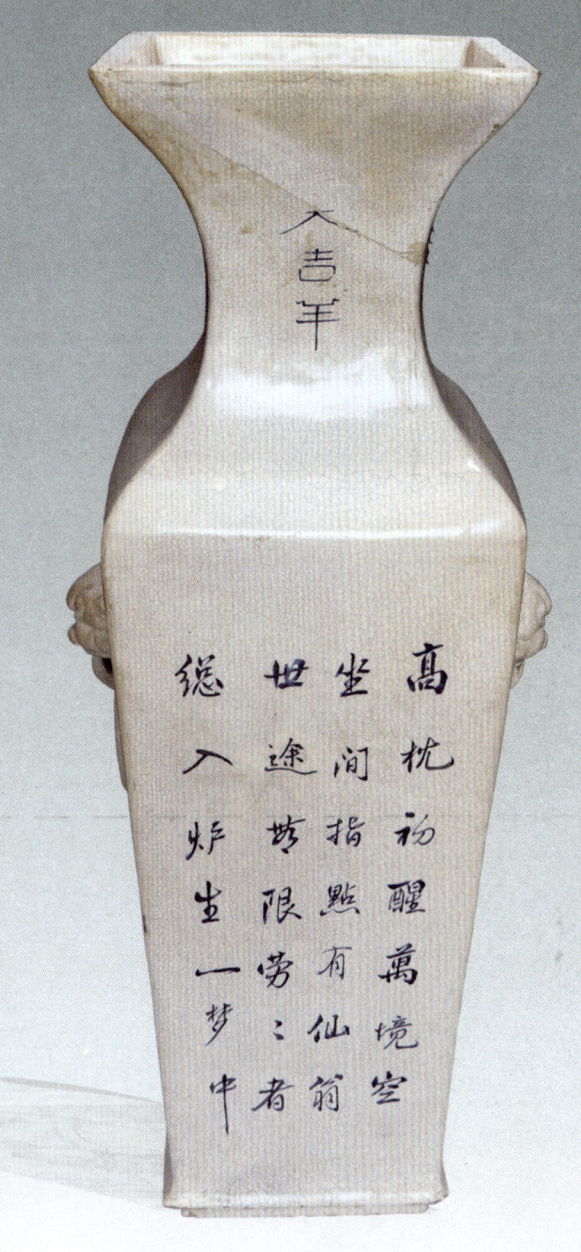

● 民国白釉和合二仙图方瓶

高58厘米，口径18.5厘米，最大径20厘米

1919年

平定县平民工厂制

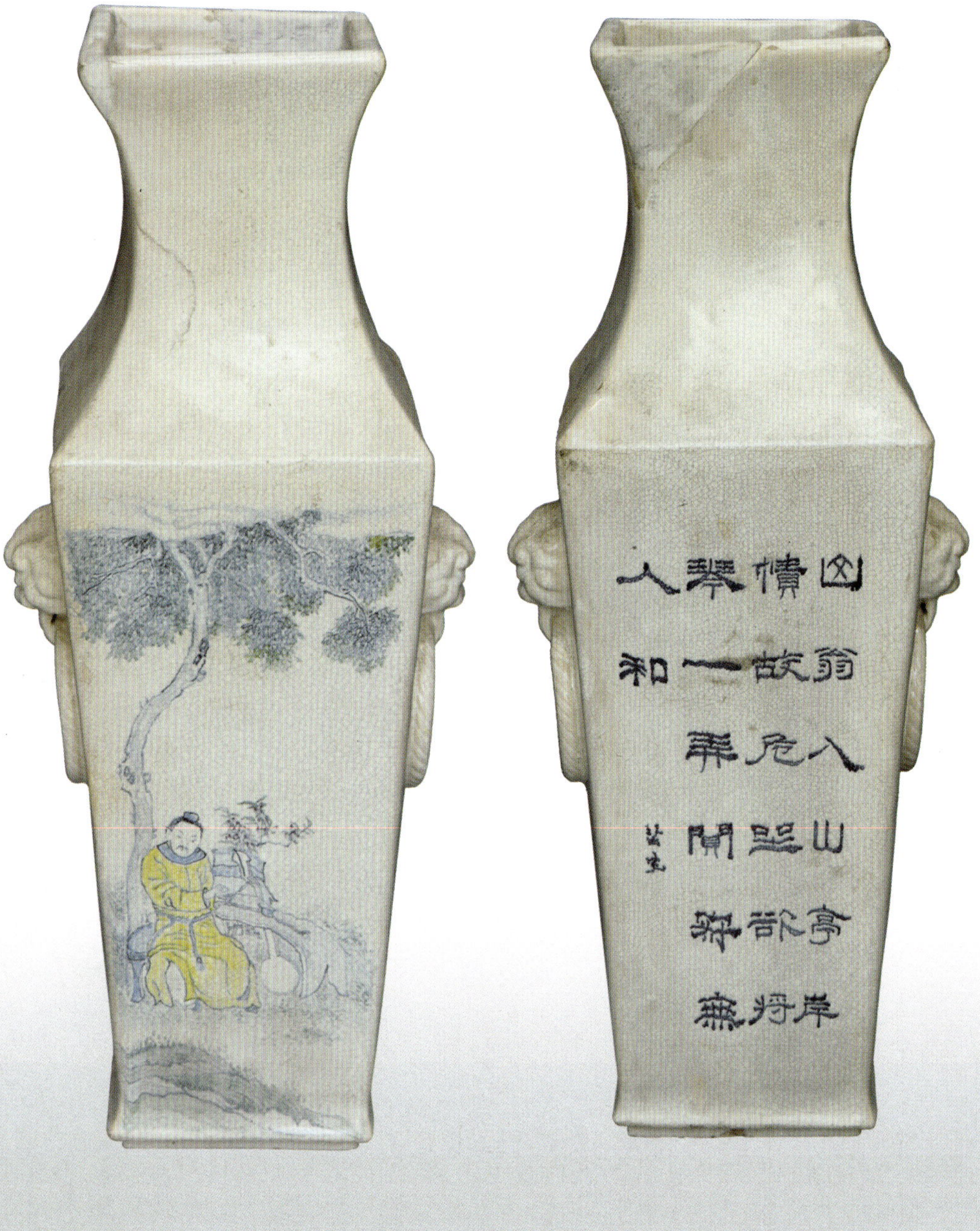

砂都异彩

● **民国白釉彩绘双铺首方瓶**

高39厘米，最大径13厘米，口径10厘米

平定陶业公司制

陈 设

● **民国蓝釉菊纹冬瓜罐**
高24厘米，口径11厘米，底径9.5厘米，腹径14厘米
平定县平民工厂制

砂都异彩

● 民国小山作山水纹倭角长方盘

长27.2厘米，宽19.6厘米，高3.2厘米

1917年

平面长方形，四角内收呈倭角，盘内部施白釉，外侧施宝石蓝釉，沉稳大气，非常精美。盘面绘有山水隐士图，危石兀立、清波荡漾，一隐士独坐扁舟随波逐流，闲逸洒脱之感跃然画外。上题"时在丁巳秋，仿梅壑散人，小山作"。

陈 设

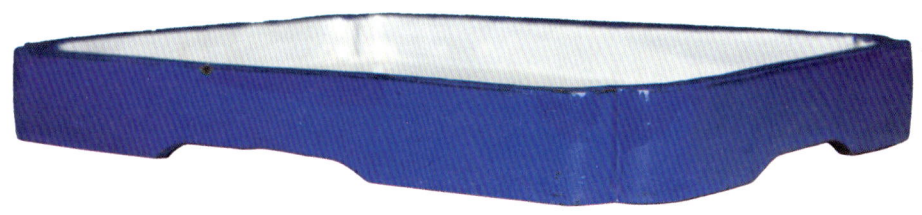

● 民国小山作花卉纹抽角盘

长27.2厘米，宽19.6厘米，高3.2厘米
1917年

— 45 —

砂都异彩

● **民国蓝釉花蝶纹壁瓶**
高16厘米，口径7.8厘米
平定陶业公司制

因挂于壁面使用而得名，又称"轿瓶""挂瓶"。胎体紫砂白泥，呈半个圆瓶状，侈口，束颈，溜肩，鼓腹，腹以下渐收，近足处外撇、平底，两侧肩部各有一衔环耳。正面施天蓝釉，彩绘花蝶纹；背面平坦，颈部有三个小孔用以悬挂，下部钤"朴城"款和"平定陶业公司"方款。

陈 设

●**民国白釉花卉纹壁瓶**

高16厘米，口径7.8厘米

平定陶业公司制

壁瓶，是诸多瓶式中的一种，多以花瓶、尊等器型竖剖一半而成，靠壁一面平坦有孔，以悬挂在墙上或床内的柱子上做装饰之用，深受文人雅士的喜爱。

砂都异彩

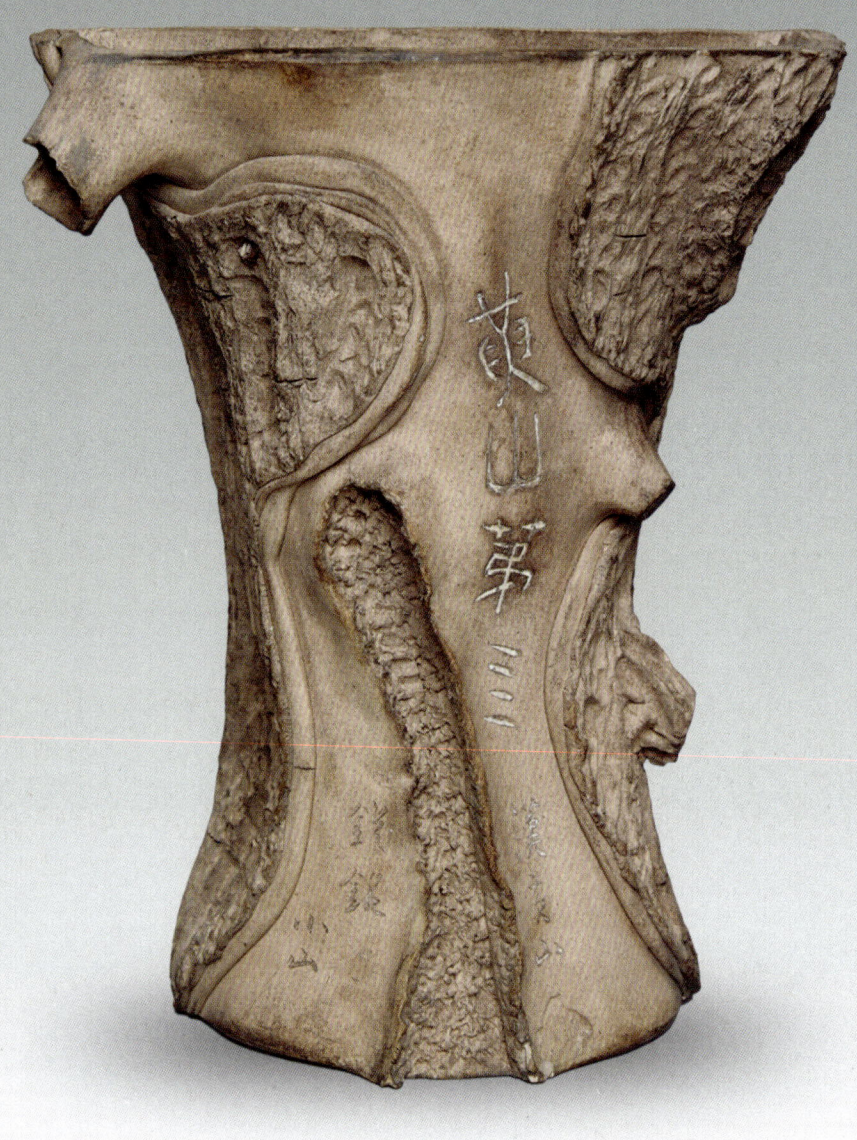

● 民国"黄山第四"树桩壁瓶

高16厘米，宽13厘米，厚6厘米

平定陶业公司制

陈 设

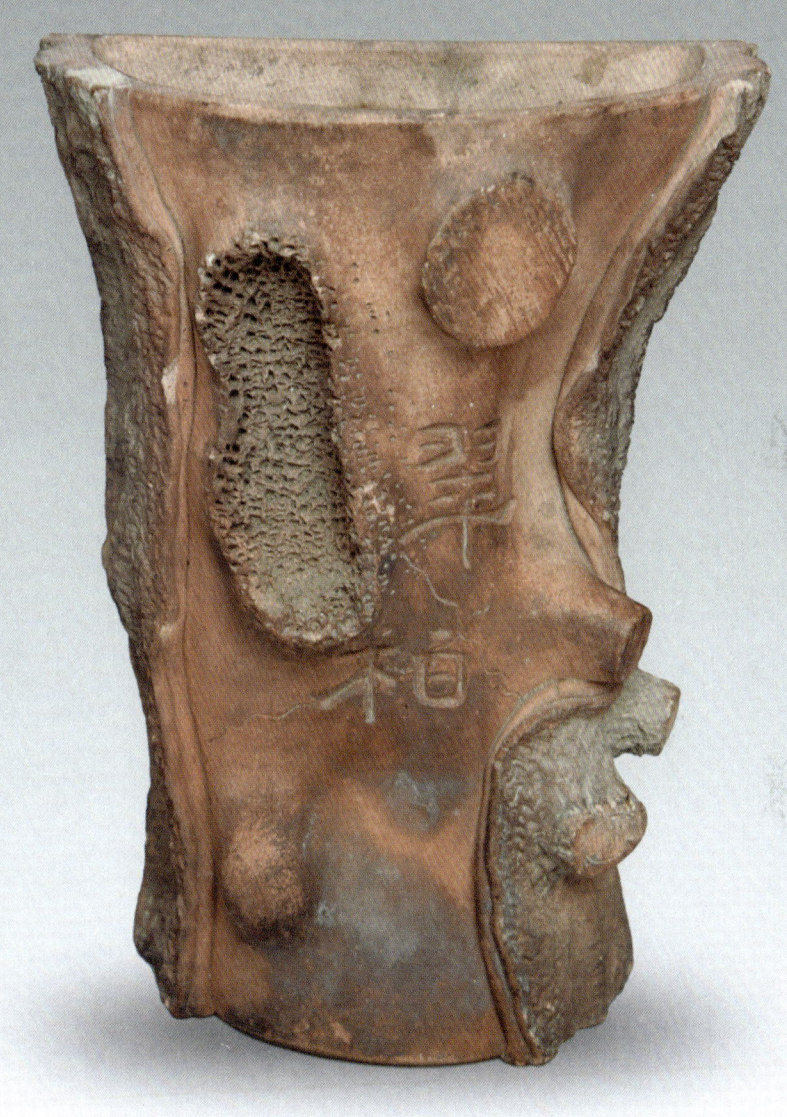

● 民国"翠柏"树桩壁瓶
高16厘米，径11厘米

砂都异彩

仿青铜方壶式样，胎体紫砂白泥。方形直口，四方柱式高颈，溜肩，斜直腹，平底，四个乳钉状足，两侧堆塑铺首衔环。瓶体正面剔刻有竹子纹样，右下题"潇洒出尘"，落款"小山"，背面刻仿金文"叔师父作尊鼎其永宝用"字样，"右叔师父鼎铭十字"，一足侧部钤印"子明"方章，底钤"平定县平民工厂出品"篆书款。

陈 设

● **民国竹子金文白泥方瓶**

高23厘米，口径6厘米

最大腹径11厘米

平定县平民工厂制

砂都异彩

● 民国铺首衔环四方瓶

高28厘米，口宽7.2厘米，底宽5.2厘米

平定陶业公司制

陈 设

— 53 —

砂都异彩

　　胎体紫砂白泥，方口、束颈、斜肩，肩以下渐收，两侧附铺首衔环（一侧铺首缺失）。方瓶正面剔刻"伯乐相马"图，背面刻"安得逢伯乐，声价到龙门"字样，是对正面图像的解读。两侧分别剔刻柿子纹样和金文"王命作册"字样。

陈 设

●民国"伯乐相马"白泥方瓶

高37厘米，口宽5.6厘米

— 55 —

砂都异彩

● **民国铺首衔环红泥方瓶**

高28厘米，口径6厘米，最大径11厘米

平定复兴公司制

陈 设

方口，束颈，溜肩，肩以下斜收，方圈足，对瓶。瓶体正面均为山水图案，两侧为铺首衔环。背面分别刻有"除却诗篇何有癖，独于山水不能廉"和"洗砚春波临契帖，调琴夜雨和陶诗"诗句。底部钤印"平定复兴公司"篆书款。

该对瓶胎质细腻、制作规整、画文兼备，尤其是所刻两句诗，内涵深远，意味深长。前者为清代名臣鄂尔泰所作《赠学使中丞法渊若》中的句子，意为痴迷诗书，无有他癖；清廉为官，唯好湖山。表达作者好读诗书、寄情山水的志趣。后者出自古人修身养性的楹联，洗砚指王羲之的洗砚池，契帖即《兰亭序》，被称为"天下第一行书"；陶诗指陶渊明的诗句。整句意为学书要临摹王羲之的字帖、读诗要读陶渊明的诗，这样才能达到修身养性的目的。

砂都异彩

陈 设

● 民国铺首衔环红泥方瓶

高28厘米，口宽6.3厘米

砂都异彩

● 民国方瓶式花插

高19厘米，口宽5厘米

1928年

陈 设

● 民国"神清"树桩花插

高27.5厘米，口径7厘米，底径10厘米

祥义窑业制

　　花插呈仿生树桩形，直口，长颈，溜肩，深腹，平底。器身堆塑或戳印桃子、树瘤、节疤等装饰，肩两侧以曲枝为耳（一耳缺失）。外壁"留白"处刻有"神清"二字，落款为"谭采棠乔居阳泉纪念　祥义工厂出品"。底钤"祥义窑业"方款。

砂都异彩

● 民国"苍松"铭树桩花插

高28厘米，口径6.7厘米，底径8.2厘米

平定陶器特产款

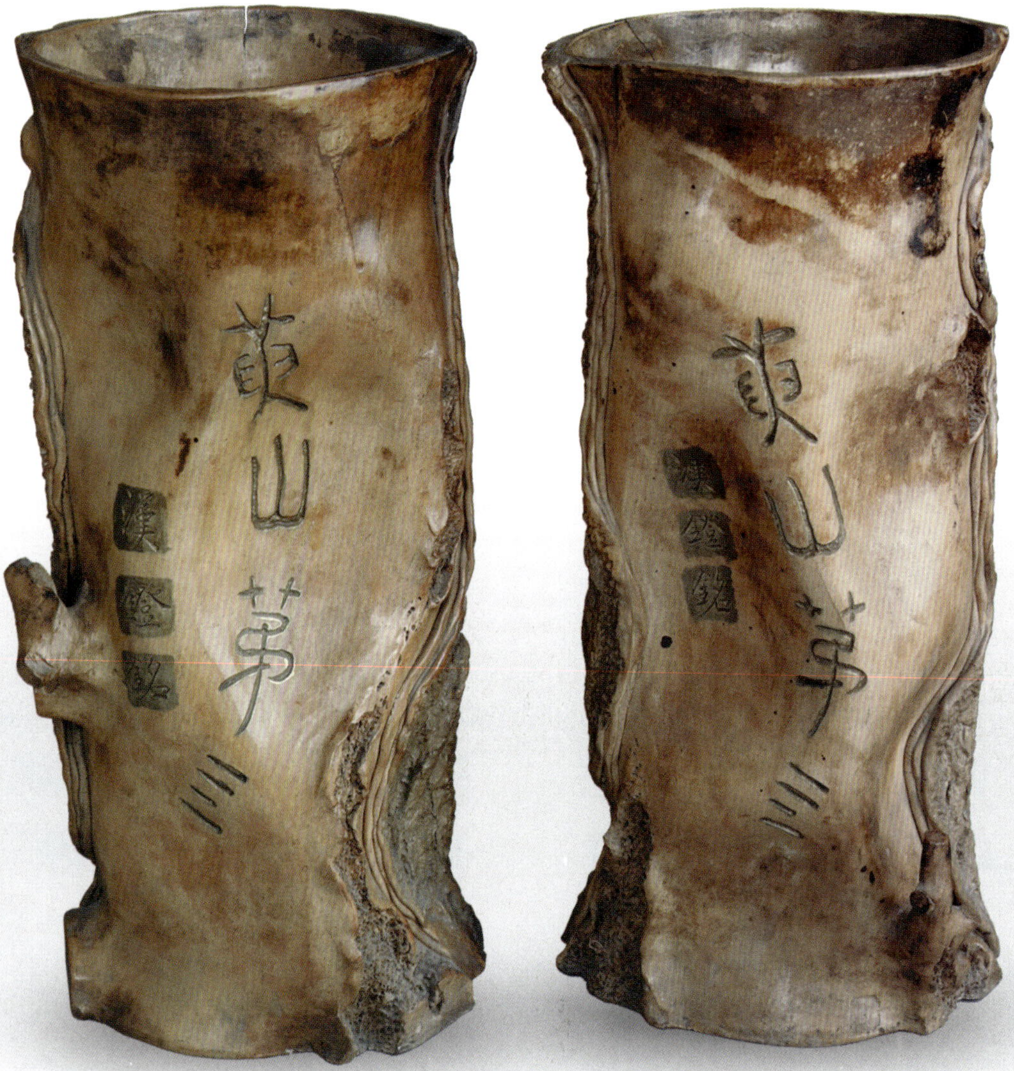

砂都异彩

● 民国"黄山第四"树桩花插

高28厘米，口径6.7厘米，底径8.2厘米

平定陶器特产款

陈 设

●民国"付上林"树桩花插

高30厘米,口径11厘米

砂都异彩

●民国白釉彩绘六方帽筒

高31.2厘米，口径16厘米

1917年

平定工厂制

造型为晚清至民国常见式样。胎体紫砂白泥，通体白釉，侧壁均设十字镂孔。彩绘佛手、石榴等吉祥图案，寓意多子多福。上题"时在丁巳夏，仿南沙老人笔法"，落款"小山"。

陈 设

帽筒是晚清、民国瓷器的主要品种之一，创制于乾嘉时期，原是清代官员在休息时置放官帽所用的承托物，故也称"官帽筒"。由于它兼具实用性和观赏性，在同治、光绪年间开始流行并被民间广泛接受，直至民国仍是寻常百姓居家陈设、女儿陪嫁的必备物品。

● **民国白泥六方帽筒**
高30厘米，口径15厘米
平定县平民工厂制

砂都异彩

● 民国素面白泥帽筒

高25厘米，直径12.5厘米

平定紫砂器型多样、装饰丰富多彩，几乎包括了人们日常生活用器的大部分，如碗、盘、罐、盒、瓶等。丰富的绘画、金文等装饰更使器物展现出多样性和灵活性，具有较高的审美价值、艺术价值和使用价值。普通的日用器具也处处透露着些许精致，体现出一种独特的艺术气息和生活情趣，表现了主人日常生活的雅趣和精神心理的满足。

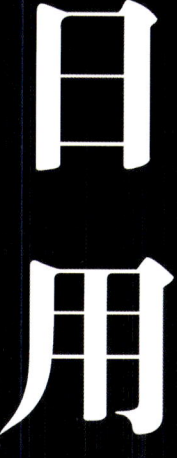

砂都异彩

分为锅身和锅盖两部分。锅身平沿外撇，直筒形腹，腹两侧各有一对半圆提环。正面刻绘菊花，背面刻金文"宇德工自作酒壶""家德氏壶铭七字"字样，底钤"平定陶业公司出品"八字篆书款。圆弧形盖，扁圆珠形抓手，盖上刻花草纹饰和"乐未央宜酒食"字样。

● **民国红泥金文四系一品锅**

高8.7厘米，直径25厘米

平定陶业公司制

日 用

● 民国"山珍海错"刻画大碗

高7.2厘米,口径21.8厘米

砂都异彩

分为锅身和锅盖两部分，通体白釉，满布细碎开片。锅身平沿外撇，直筒形腹。侧壁对称彩绘两幅山水图，间以两组金文装饰"金汤，汉汤金铜器铭二字""付上林，汉灯铭三字"，底有五个支足。弧形盖，圆圈形抓手，抓手内绘林间草庐，并有行书题诗"乔木子丈茂，浓荫覆绿苔。日高门未启，怕有俗人来。芸生"，抓手外书一圈文字，篆书"林华观行灯重一斤十四两五凤二年造第一"和楷书"林华观行灯铭一十八字"。

● 民国白釉山水金文一品锅

高13厘米，口径25厘米，足径22厘米

● 民国"式饮式食"红泥碗

高9厘米,口径16.5厘米,足径8厘米

日 用

● 民国白泥寿字小盘
高2.2厘米，口径14厘米
平定工厂制

砂都异彩

● 民国白釉绘花小盘

高2.3厘米，口径13.7厘米

● 民国白釉白泥小盘

高2.5厘米，口径18.5厘米

砂都异彩

● 民国"可以清心"白釉小杯

高2.7厘米，口径4.6厘米

● 民国"著手生香"红泥皂盒

长13.8厘米，宽9.8厘米，高8.5厘米

砂都异彩

平面呈倭角方形，浅盘，直壁，四倭角足，平底。胎体紫砂白泥，盘内施白釉，满布细碎开片，盘内分别彩绘山石图案，上题"隐池片玉"；彩绘螳螂草叶图案，侧题"吸风饮露隐竹栖芦昂头得意聊以自娱"，落款"小山"。

倭角又作"委角"，是方形瓷器转角的一种装饰形式，通常是将直角变为内凹双弧线，也有变成圆角或直接斜削45度呈八角形的。

●民国白釉彩绘倭角方盘
高2.8厘米，宽17厘米

一对，胎体紫砂白泥，正方形带底盘。花盆四侧壁均戳印一周花边装饰，正面和背面刻有"龙鳞"和"凤彩"大字，两侧刻有竹纹和兰草装饰，题刻"燕五老先生惠存　晚李兆泰敬赠"，器底各有两组小圆孔以利排水。

● 民国"龙鳞凤彩"白泥花盆

高10厘米，口宽11.9厘米，底宽9厘米平面呈倭角方形，浅盘，直壁，四倭角足，平底。胎体紫砂白泥，盘内施白釉，满布细碎开片，盘内分别彩绘山石图案，上题"隐池片玉"；彩绘螳螂草叶图案，侧题"吸风饮露隐竹栖芦昂头得意聊以自娱"，落款"小山"。

倭角又作"委角"，是方形瓷器转角的一种装饰形式，通常是将直角变为内凹双弧线，也有变成圆角或直接斜削45度呈八角形的。

●民国"疏影横斜"六角花盆
高9厘米，宽12厘米
●民国白釉彩绘倭角方盘
平定陶器特产款
高2.8厘米，宽17厘米

器用

整体呈仿生树桩形,盆体上宽下窄,"树皮"做工精细,器身堆塑或戳印树瘤、节疤等装饰;一侧"留白"呈树皮撕裂露出枝干的效果,留白处分别刻有"翠柏""龙文"字样,一树枝断面钤印"密卿"名款;底部以六个不规则的树根结节为器足,平底中部留一排水孔,侧部钤"平定复兴公司"印章款。

该器形体硕大,制作考究,其所采用的仿生树桩造型属于砂器的经典装饰工艺,应是宜兴技师来平定后,结合传统仿生树桩造型技术,以槐树、榆树等北方常见树种为素材开发出的一种装饰技法,树桩的造型与留白部位的书、画装饰相结合,颇具特色。

●民国民国柏山款树桩盆仙盆
（带座长23厘米宽20厘米高10厘米径24厘米
平定复兴公司复兴公司制

砂都异彩

●民国"护碧嶂"树桩花盆
高26厘米,口径33厘米
平定陶业公司制

● **民国小山款树桩水仙盆**
长23厘米，宽14厘米，高10厘米
平定复兴公司制

砂都异彩

● 民国"古柏"树桩水仙盆
高12厘米，口宽21厘米
平定复兴公司制

日 用

●民国"月圆"树桩水仙盆
高13厘米,口宽30厘米
平定陶业公司制

砂都异彩

● 民国"龙起"树桩水仙盆

高13厘米，口宽30厘米

平定陶业公司制

日 用

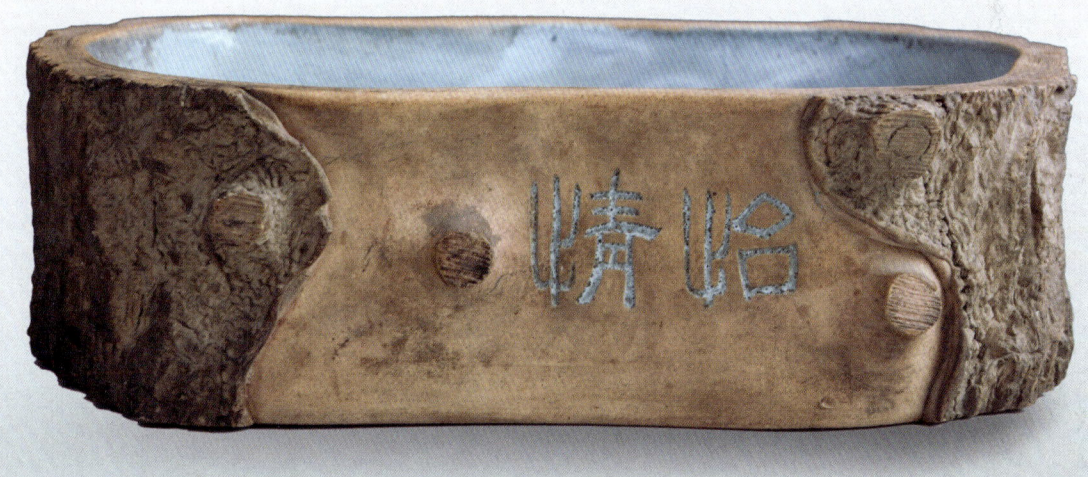

● 民国"怡情"树桩水仙盆

长23厘米,宽15厘米,高6.5厘米

平定陶业公司制

砂都异彩

● 民国 "凤采" 树桩水仙盆

长22厘米，宽14厘米，高6厘米

闫士文款

日 用

● 民国"青松"树桩水仙盆
长17厘米,高5厘米
平定复兴公司制

砂都异彩

● **民国仿生树桩水仙盆**

长24厘米，高7厘米

平定复兴公司制

整体呈束腰、倭角银锭形，胎体紫砂白泥，内壁施天蓝釉。直口，斜腹，平底，四角浅足间隔分布。正面刻"疏影横斜"四字，背面刻画一枝梅，底钤"平定陶业公司"印款。

此款水仙盆属平定紫砂的常见器型，有素胎和上釉等品种，釉色多见天蓝釉施于器内壁，装饰均为正面刻文和背面刻画梅、兰、竹、菊等图案。

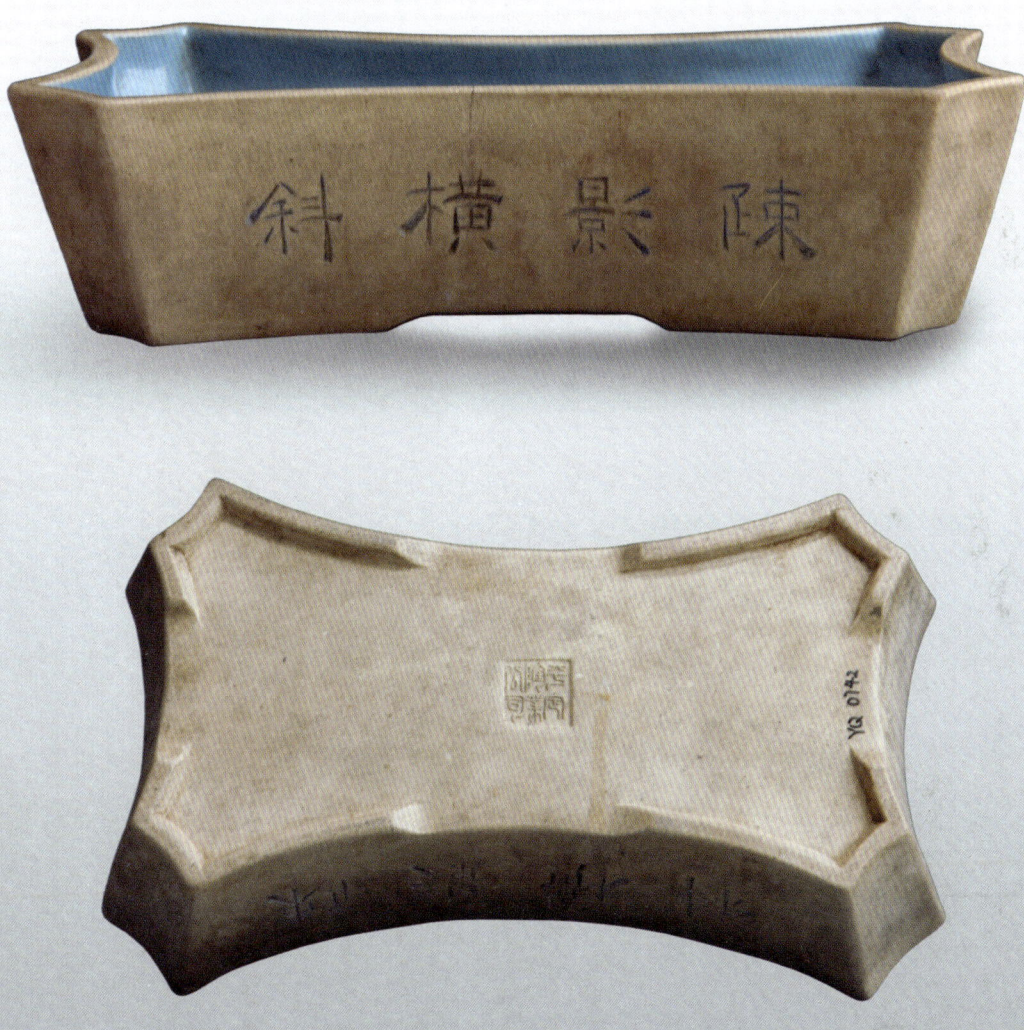

● 民国"疏影横斜"银锭形蓝釉水仙盆
长22厘米，宽13厘米，高5.6厘米
平定陶业公司制

砂都异彩

● 民国"水清有韵"银锭形蓝釉水仙盆
长20.5厘米，宽10.2厘米，高5.5厘米
平定陶业公司制

日 用

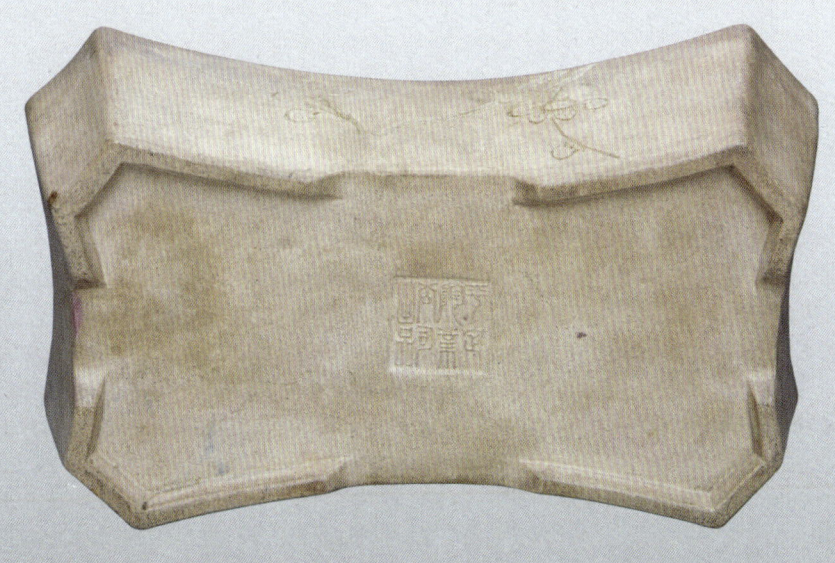

● 民国"水清有韵"银锭形白泥水仙盆

高6厘米，长22厘米

平定陶业公司制

砂都异彩

● 民国"地接蓬莱"长方形蓝釉水仙盆

长27厘米,宽16.5厘米,高6厘米

平定陶业公司制

椭圆形，胎体紫砂红泥，平沿外阔，直腹，平底，四短足间隔分布。正面刻"花淡无言"四字，背面刻画一枝梅，底钤"平定陶业公司"印款。

此款水仙盆属平定紫砂的常见器型，有白泥、红泥和上釉等多个品种，装饰均为正面刻文和背面刻画梅、兰、竹、菊等图案，画文对应，意境立现。

● **民国"花淡无言"腰圆形红泥水仙盆**
高6厘米，口径21.5厘米
平定陶业公司制

砂都异彩

● 民国 "诗境清浑" 腰圆形蓝釉水仙盆

高6厘米，口径12厘米

平定陶业公司制

日用

●民国"荣曜秋菊"腰圆形白泥水仙盆
长20.6厘米,宽18厘米,高6.1厘米
平定陶业公司制

砂都异彩

● 民国"热心教育"白泥水仙盆
长26厘米，宽18厘米，高6.5厘米
平定陶业公司制

日 用

● 民国"疏影横斜"海棠形水仙盆

高7厘米,长25厘米

平定复兴公司制

砂都异彩

● 民国 "半夜书声" 红泥水仙盆

长22.2厘米，宽16厘米，高6.5厘米

日 用

● 民国 "花好" 扇形红泥水仙盆

长26.5厘米，宽14厘米，高5.2厘米

平定复兴公司制

● 民国"春光淡冶"扇形红泥水仙盆

长26.5厘米,宽14厘米,高5.5厘米

日用

● 民国腰圆形黄釉水仙盆

高6厘米，直径22.5厘米

平定县平民工厂制

砂都异彩

整器呈圆筒状，分罐身和盖两部分，子母口套合。胎体紫砂白泥，盖呈圆形，内凹，中部有一透气孔，两侧分别刻印"唯吾知足"合文款和"象三"名款；侧壁刻"秋声唧唧"四字，底部钤印"平定复兴公司"篆书款。

蛐蛐罐也叫蟋蟀罐，是用来饲养斗蛐蛐的器皿。斗蛐蛐亦称"斗蟋蟀""斗促织""秋兴"，唐宋时期即已盛行，是广大人民群众喜闻乐见的娱乐项目，在每年秋天进行，故罐身刻文颇切主题。"唯吾知足"一词最早出现在汉朝的古钱币上，利用了钱币中间的那个方孔作"口"字偏旁，上、下、左、右共用一个"口"字，故又称"借口钱"。

● 民国"唯吾知足"白泥蛐蛐罐
高8厘米，口径11厘米
平定复兴公司制

日 用

● 民国素面白泥蛐蛐罐

高9厘米，口径11厘米

平定陶业公司制

砂都异彩

整器呈圆筒状，分罐身和盖两部分，子母口套合。罐身刻绘山水田园图景，近处篱笆庭院、树石茅屋，远处山石隐现，意境悠远。题刻"十口蟋蟀入我床下""时在庚申之秋，涂于榆关古郡"，榆关古郡即指平定。盖呈圆形，内凹，中部有一透气孔，旁侧钤印"平定陶业公司"篆书款。

● 民国山水纹红泥蛐蛐罐

高8厘米，口径10厘米

平定陶业公司制

茶具

说到紫砂，壶是一个无法回避的话题。中国茶文化的发展推动茶具的不断更新，至迟到明代中期，适宜散茶冲泡的紫砂茶具开始出现并风行，紫砂的良好属性也使茶叶的天然美质发挥得淋漓尽致，壶因茶而肇兴，茶因壶而弥香。历代工匠在制壶技艺和造型装饰方面倾注颇多心血，使紫砂壶集功能和艺术于一体，受文人雅士的推崇而愈发风行。可以说，紫砂壶是陶文化、壶文化、茶文化高度结合的产物，也是中国陶器发展史上的总结性产物，平定紫砂壶以其独特的造型、装饰风格而别具特色。

砂都异彩

壶身呈上小下大覆斗式，故该壶型亦称覆斗式壶，平底四方倭角形，嵌盖，曲流，直柄折方变化。壶身棱线呈弧度向上收缩，曲直结合，壶盖与壶钮制作得非常独特，四方盖，敦厚如础，桥形钮，婉转灵动。壶身陶刻与之呼应，正面为剔刻荷花水草图案，背面刻"玉壶冰清"四字，底钤"平定县平民工厂出品"篆书方款。

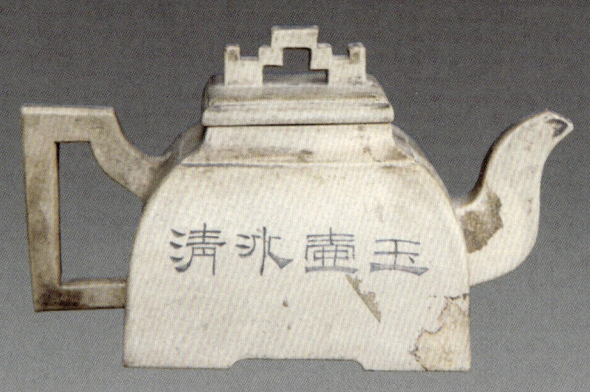

● 民国"玉壶冰清"四方桥纽扁壶

高9.8厘米，流柄17厘米，底方10.2厘米

平定县平民工厂制

茶 具

● 民国白泥菊纹圆壶

高12厘米，长20厘米

砂都异彩

壶体方形,形似包袱,亦称"宝诰壶"或"印包壶"。器盖以包袱挽结为钮,以包袱折痕与壶体纹路相连,设计巧妙、折纹自然、造型丰满。壶底钤印"平定利民工厂"六字篆书款,盖内钤"善甫"名款。紫砂包袱壶属传统壶型,为明代万历晚期名家时大彬所首创,是仿制皇家印玺宝诰以绸布包裹的状态,含有包裹财货奉赠之意。

● 民国白泥包袱壶

高9.5厘米,长18.5厘米
平定利民工厂制

— 112 —

茶 具

  因整壶以松、竹、梅三种元素组合设计而得名，属传统紫砂壶型。壶身作高柱础式，子母口，束腰，折腹，圈足，壶把做梅枝状并侧生一枝梅贴附壶壁，壶嘴做竹节状亦侧生一竹枝贴附壶壁，梅花、竹叶点缀枝头，竹子一侧刻有"三友"字样，盖钮为松枝设计。壶底钤印"平定陶器特产"方款。整壶造型端庄、做工精细，松、竹、梅刻画逼真，形象生动。

  松、竹、梅被誉为"岁寒三友"，其不畏严寒、气节高傲的精神品格，早已沁入中国传统文化的血脉，深受文人墨客、艺术家的喜爱，自明代开始即已成为紫砂壶创作的主题。

● 民国"岁寒三友"执壶

高15厘米，口径8厘米，足径7.5厘米
平定陶器特产款

砂都异彩

● 民国"三友图"四方执壶

长20厘米，宽10厘米，高15厘米
平定复新工厂制

茶 具

　　紫砂传统花器壶型，胎体紫砂红泥。合欢式壶身，正面刻有"春满玉壶"字样，背面刻画一枝梅。壶流、壶把均以仿生梅枝塑形，枝干苍劲、形象逼真，壶盖和壶底相呼应，都巧妙地设计成五瓣梅花的造型，且盖子的每个角度都能与壶口扣合得严丝合缝。

　　该壶整体造型优美、工艺细致、气韵生动，尤其在造型方面改传统上合梅壶五瓣筋纹形壶身为合欢式壶身，说明平定紫砂在借鉴宜兴制作传统的同时，也无时不在创新、求变。

● **民国红泥上合梅壶**
高7.5厘米，长16.5厘米

砂都异彩

因壶体形似竖立的木瓜而得名，壶身圆润，线条流畅，壶嘴、壶把以树枝造型装饰，以刻画细致的木瓜叶围成壶盖，瓜蒂做壶钮，提拿方便。壶身正面刻"饮之太和"字样，整体美观大方。底部钤印"平定大兴公司"篆书款。

● 民国"饮之太和"木瓜壶

高11厘米，口径4.5厘米，底径6.5厘米

平定大兴公司制

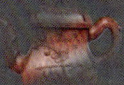

茶 具

　　紫砂传统壶型，胎体紫砂红泥。六方形壶体，壶嘴、壶把、壶盖钮均作仿生竹节式，盖钮侧生两簇竹叶，生动活泼。壶身正面刻有"玉川佳话"字样，背面刻画一枝梅。盖内钤"浦臣"印款。整把壶以竹为载体设计成鼎的造型，稳重中不失灵秀，具有节奏之美。

●民国六方竹鼎壶

高11.5厘米，长16厘米

砂都异彩

● **民国六方红泥壶**

高20厘米，口径8厘米

平定陶业公司制

茶 具

因壶体由高低两身桶相连而得名，为传统紫砂壶型。此壶砂料纯正，造型规整，子壶上方有螺旋纹装饰，母壶盖上有螭龙钮，壶身中间附有系带装饰。子母壶的制造技艺，重在衔接处的隙间密封，既要方便取用，又不能松散漏气，工艺要求较高。

● 民国螭龙钮子母壶

高13厘米，长19.5厘米

砂都异彩

● **民国竹叶纹红泥执壶**

通高8.5厘米，口径7厘米，底径6.5厘米

平定县平民工厂制

茶具

●民国"茶鼎话诗"红泥钟式壶

高9厘米，长18.5厘米

砂都异彩

●民国刻花鸟纹白泥咖啡壶

高16厘米，流柄15.3厘米，底方11.6厘米

平定县平民工厂制

茶 具

壶身半圆形而略扁，若半瓦当状，故名。该壶型初现于清嘉庆、道光年间，为"曼生十八式"之一。整体做仿生树桩装饰，壶盖、壶把侧均做仿生树皮效果，壶把虬曲为枝干，壶钮为两段结节，壶嘴侧素面做剥皮后露出枝干的效果，流口处包铜装饰，侧身素面，分别刻"茶可""清心"字样，并在近边缘处划刻树皮纹路。壶底钤印"同义窑厂"四字方款。

● 民国 "茶可清心" 半瓦壶

高10厘米，长18厘米

同义窑厂制

砂都异彩

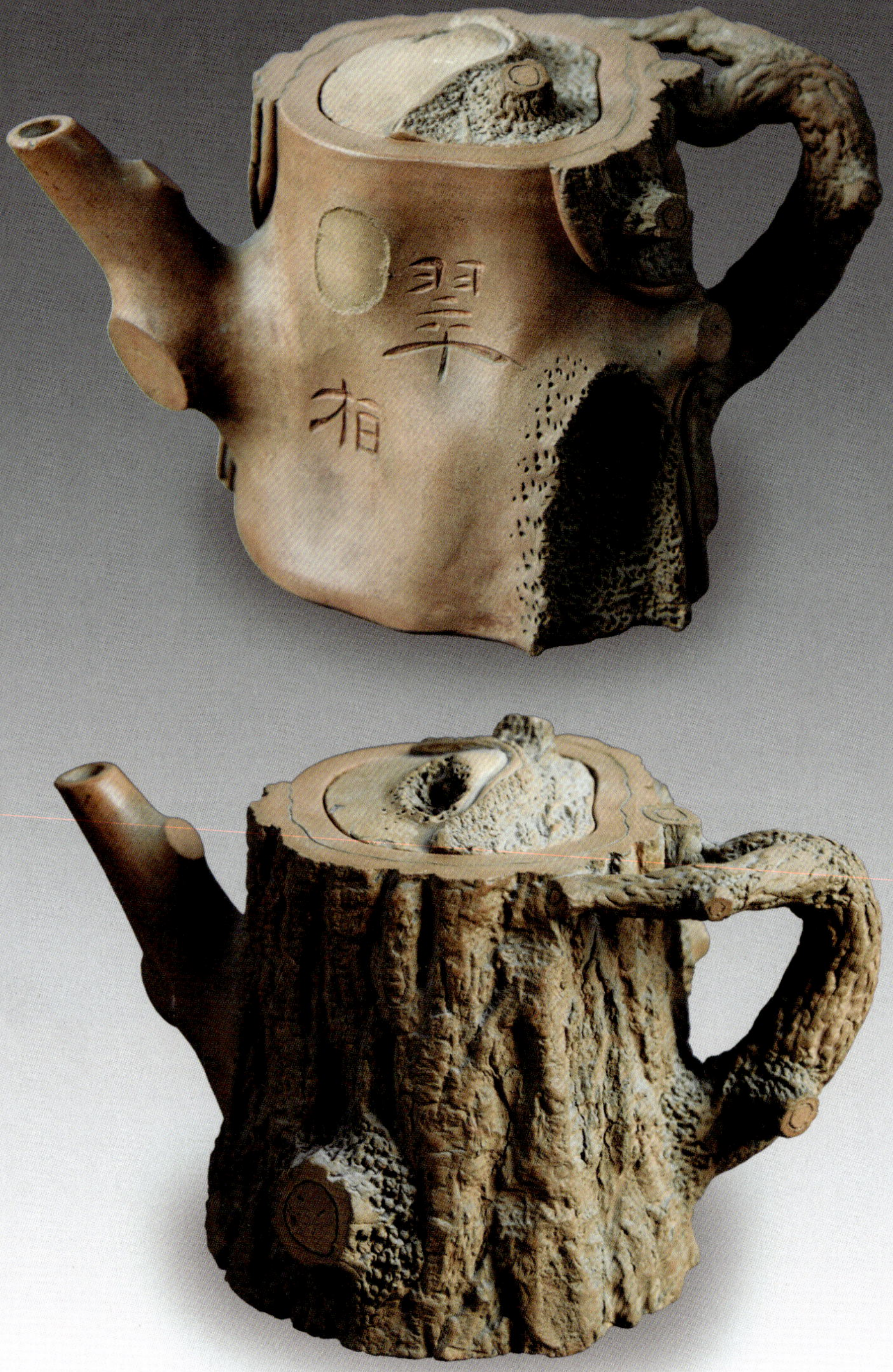

●民国"翠柏"仿生树桩壶

高11.3厘米，流柄18.5厘米，底径13厘米

平定复新工厂制

茶 具

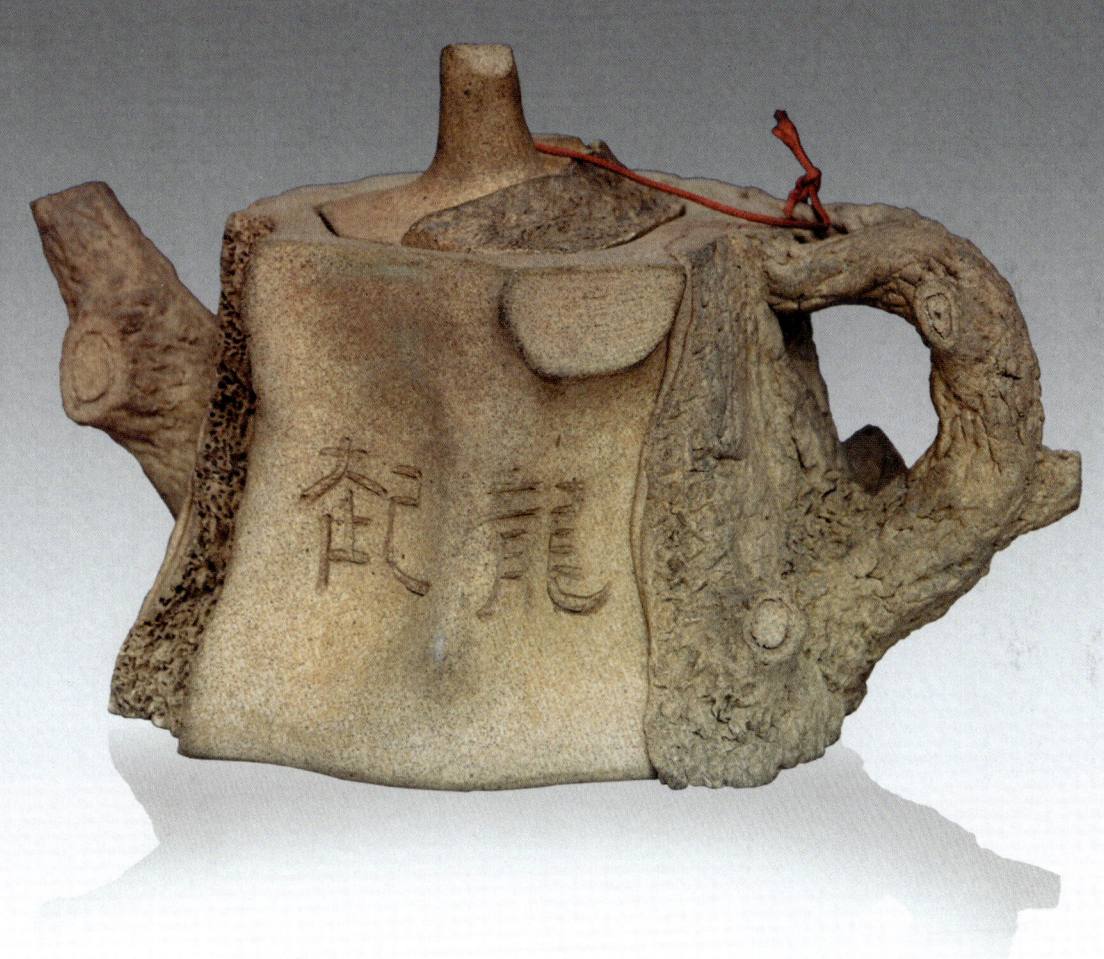

● 民国"龙起"仿生树桩壶

高12厘米，流柄19厘米

平定陶业公司制

砂都异彩

● **民国仿生树桩壶**
高15厘米，流柄20厘米
平定复兴公司制

茶 具

●民国"野泉风味"仿生树桩壶

高11厘米,流柄21厘米

同义窑厂制

砂都异彩

●民国"太和"仿生树桩把杯

高6.8厘米,长10.5厘米

平定陶磁款

茶 具

● 民国"太和"仿生树桩壶

高10厘米,流柄17.5厘米

平定陶磁款

●民国"松岩"仿生树桩把杯

高6.3厘米,口径8厘米

平定陶业公司制

茶 具

●民国仿生树桩口杯

高6厘米，口径8厘米，底径6.2厘米

平定复兴公司制

砂都异彩

　　胎体紫砂白泥，微侈口，束腰，圈足，单把。杯内壁施白釉，外壁刻有"个中风味"字样。把为仿生树枝设计，树枝虬曲盘绕于杯体外壁，自然伸展并开出朵朵红梅，设计精妙，小巧精致。

● 民国"个中风味"梅把杯

高4.5厘米，长9.6厘米

茶 具

● 民国"个中风味"梅把杯

高4.5厘米,口径7厘米

砂都异彩

杯身以十六出莲瓣为形,内部遍施白釉,折枝叶片攀附器壁为装饰兼作三足。整器似一朵花开正艳的莲,设计巧妙、做工精致、造型美观,使原本普通的茶杯瞬间具有了禅意和趣味,是一件不可多得的仿生佳器。

● 民国白釉仿生莲瓣杯

高4厘米,口径7.5厘米

茶具

● 民国"可以清心"梅把杯

高4.6厘米,长10.2厘米

晋艾陶磁公司制

砂都异彩

● 民国"典雅"四方梅把杯
高6厘米,长10厘米

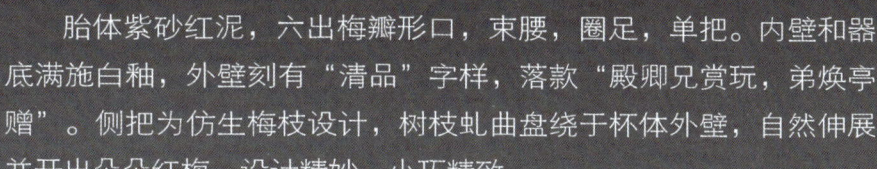

茶 具

　　胎体紫砂红泥，六出梅瓣形口，束腰，圈足，单把。内壁和器底满施白釉，外壁刻有"清品"字样，落款"殿卿兄赏玩，弟焕亭赠"。侧把为仿生梅枝设计，树枝虬曲盘绕于杯体外壁，自然伸展并开出朵朵红梅，设计精妙，小巧精致。

● 民国"清品"红泥梅把杯

通高5厘米，口径7厘米，底径2.7厘米

砂都异彩

● 民国"可以清心"束腰把杯

高6厘米,长10厘米

茶 具

● 民国"味浓"红泥把杯
高6厘米,长9.5厘米

砂都异彩

●民国白釉彩绘把杯

高5.5厘米，口径6厘米

茶 具

●民国白釉彩绘把杯

高7厘米,长9.8厘米

砂都异彩

● 民国"花有清香"把杯
高7厘米,长10厘米

茶 具

六出莲花形杯体,侈口,斜腹,圈足,通体施白釉。正面彩绘荷花图案,背面有"可以清心"字样,落款为"玉山作"。

● 民国白釉莲瓣杯

高5.3厘米,口径8厘米

砂都异彩

● 民国白釉彩绘杯

高5厘米，长9.5厘米

茶 具

●民国白釉彩绘把杯

高5厘米，长9.5厘米

砂都异彩

●民国仿生树桩双耳茶叶罐

高12厘米，长17厘米

平定陶业公司制

茶 具

整体呈仿生树桩形,罐体上宽下窄,子母口带盖。"树皮"做工精细,多处结节和瘤疤几可乱真,一侧"留白"呈树皮撕裂露出枝干的效果,留白处刻有"古柏苍松"字样,字形苍老而古朴。底部钤有"平定陶器特产"印章款。

● **民国仿生树桩茶叶罐**
高14厘米,最大径12厘米
平定陶器特产款

砂都异彩

平面六角形，胎体紫砂白泥。盘沿外撇，底部六角各设一折角足，盘内施白釉，绘以蓝彩山水图：远山近水、烟雨空蒙中，隐现点点茅舍、一叶扁舟，虚实结合中尽显辽阔之意境，画面上题"春山濛濛烟雨中"点明主题，落款"庚申"（即1920年）"小山作"。

●民国白釉山水纹六角盘
高2.6厘米，口径32.5厘米
1920年

茶具

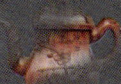

圆形，胎体紫砂红泥，盘内施白釉，满布细碎开片。彩绘"桐阴促织"图：远处群山连绵，近处草色青青，一棵梧桐亭亭如盖，树阴下两小儿正在斗蟋蟀，上方题"桐阴促织"，署名"晓山"。

● 民国"桐阴促织"白釉茶盘

高2.5厘米，直径26厘米

砂都异彩

　　胎体紫砂红泥，十出葵口。盘面满施白釉，密布细冰裂纹，蓝彩绘山水风景图案。图案层次分明，山、水、树相映成趣，近处桐阴下茅屋中有高士对坐清谈，小童殷勤奔走烹茶。上题"桐阴之径凉于水，荷叶半溪香胜花"字样，落款为"泉石居士"。整体极富意境，既是一件实用的茶盘，亦可作为精美的赏盘以供陈设。

● **民国白釉山水纹葵口茶盘**
高2.5厘米，口径32厘米

茶具

●民国白釉花鸟纹葵口赏盘

高2.5厘米，口径31.5厘米

1921年

砂都异彩

● 民国 "青莲醉酒" 白釉盘

高2.5厘米，口径26.5厘米

文房

书房，是中国文人沉思顿悟、憩息心灵的一方净土。古人讲求以细致的文房用具，营造宁静致远的读写氛围。书斋典藏的案头文玩，皆为各具独立功能和人文品格的艺术珍品，诠释着文人的清高、淡泊与优雅。平定紫砂品类中诸多的文房雅玩将文人雅趣进行了完美的诠释：器虽小巧，不失精致，造型各具特色，装饰相得益彰，或花鸟、草叶，或金文、诗句，器铭一致、切器切意，寥寥数笔而意境全出。

砂都异彩

整体呈仿生树桩形,正面似一节中空的枯木,背面为仿生树皮。器身堆塑或戳印树瘤、节疤等装饰,下部生出六个不规则树根为器足,枝干虬曲向上、形象生动,木芯留白处刻有仿金文"䧿欬"字样。䧿(yì),古同"弋",意为用带绳子的箭射猎;欬(ké),古同"咳"。但二者合用不解其意。

该器既是一件独特的文房摆件,又因其顶部有四个钻孔,可插笔挂用以挂笔,故也可作为笔架使用。

● **民国仿生枯木摆件**
高23厘米,宽28厘米

文 房

● 民国仿生树桩卷缸

高30厘米，口径25厘米

砂都异彩

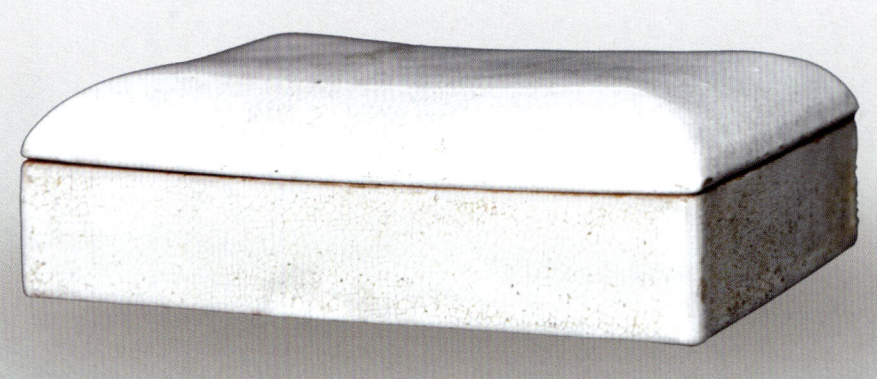

●民国白釉印泥盒

长12.5厘米，宽8.8厘米，高3.4厘米

平定县平民工厂制

文房

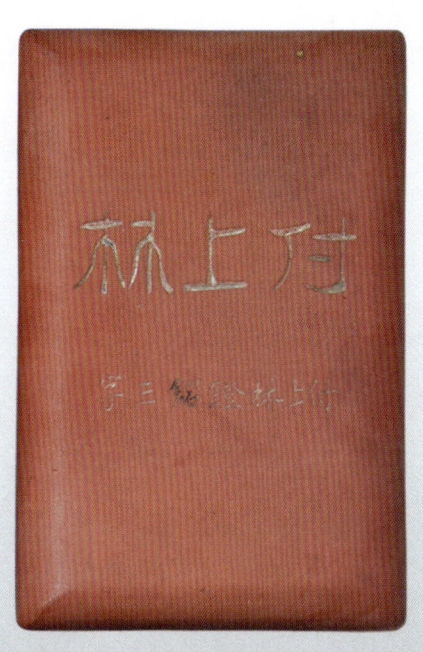

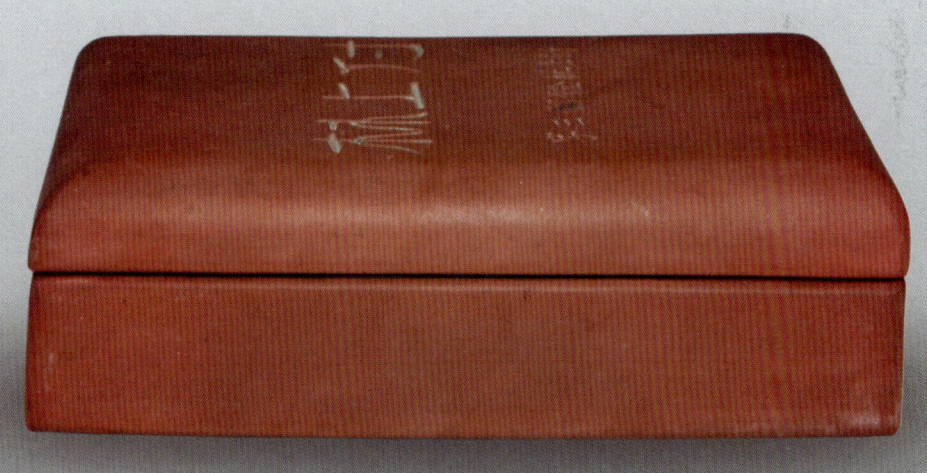

● 民国"付上林"红泥墨盒

长13厘米，宽8.5厘米，高4厘米

砂都异彩

●民国龟形红泥笔洗

长25厘米，宽20厘米，高8厘米

文房

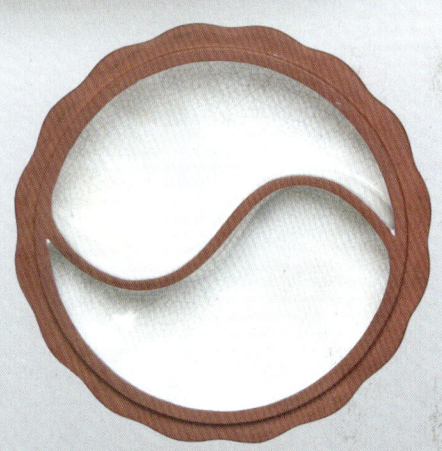

仿生南瓜形。分盒身、盒盖两部分，均为红泥烧制。盒内呈太极图状将空间一分为二，内施白釉，满布细冰裂纹。盒盖上刻绘花草图案和"宇德工自作酒壶　周壶铭"字样，以白泥做仿生瓜把，颇有点睛之味，把上钤"贵和"名款。

●民国南瓜形红泥调色盒
高8厘米，腹径15厘米

砂都异彩

扁圆形,胎体紫砂红泥,阔口,鼓腹,小圈足。器身上刻行书"右汉大吉昌洗铭六字"和"小山刻"字样,以及篆书"大吉昌宜侯王"字样。"大吉昌宜侯王"是汉代瓦当上的文字,当时一些瓦当和铜镜上还有"如侯王""位至侯王""立至公侯""汉并天下""万寿无疆""长乐未央"等字样,反映出当时社会各阶层对长命富贵、加官进爵的普遍祈求。

●民国小山刻"大吉昌"铭红泥水洗

高6.8厘米,口径15厘米,腹径21厘米

文 房

● 民国"秋水文章"红泥水盂

高4.5厘米,口径13.5厘米,腹径19厘米

砂都异彩

●民国草叶纹红泥水盂

高7厘米，口径3.5厘米，底径10.5厘米

文房

●民国仿生树桩水盂

高3.8厘米，口径7厘米

砂都异彩

● 民国"黄山"树桩水盂

高3.8厘米，口径7.1厘米

平定陶器特产款

文房

　　扁圆形，胎体紫砂白泥，敛口，鼓腹，小圈足。水盂开半圆口，另一半"器盖"与侧壁相连，平行盖沿开有两个圆孔，形象地呈现出一张笑脸，巧妙的设计寓意笑口常开、好运常来。侧身刻有"黄山第三，九黄山镜铭四字"字样，内壁、外底均施白釉，小巧精致。

●民国"黄山第四"白泥水盂

高4厘米，腹径8.5厘米

砂都异彩

胎体紫砂白泥，圆唇，溜肩，鼓腹，圈足。正面剔刻梅枝图案，背面题刻行书"疏影横斜水清浅　暗香浮动月黄昏"，底部钤印"平定陶业公司"篆书款。

该器刻绘以梅为主题，采用了北宋诗人林逋《山园小梅》中最著名的两句，描绘了梅花清幽香逸、俏丽可人的风姿，借以表达传统文人超凡脱俗的品格，画文对照，意境全出，该句诗亦被誉为千古咏梅之绝唱。

●民国梅花诗文白泥水盂
高8厘米，口径8.5厘米，腹径13厘米
平定陶业公司制

文房

●民国蓝釉笔洗

高4厘米，口径8.5厘米，腹径11厘米

砂都异彩

圆形，小圆唇口，鼓腹，圈足。通体施白釉，一侧绘一枝红花黄蕊的牡丹正在肆意开放，背面题字"墨池春暖"。画文对应、富有生机，寓意牡丹所代表的春暖花开、万物复苏。

● 民国"墨池春暖"白釉水盂

高4.5厘米，口径10.2厘米，腹径13.5厘米

文 房

● 民国白釉彩绘水盂
高5.4厘米，口径3.2厘米，底径7厘米

砂都异彩

● 民国小山作白釉水盂
高6厘米，口径3厘米，底径7.8厘米
1924年

 文房

● 民国"民六夏五"蓝釉水盂
高4.2厘米,口径3.4厘米,底径6.9厘米
1917年

砂都异彩

● 民国"梦笔生花"四方笔筒

高11.2厘米,口径5.8厘米

平定县平民工厂制

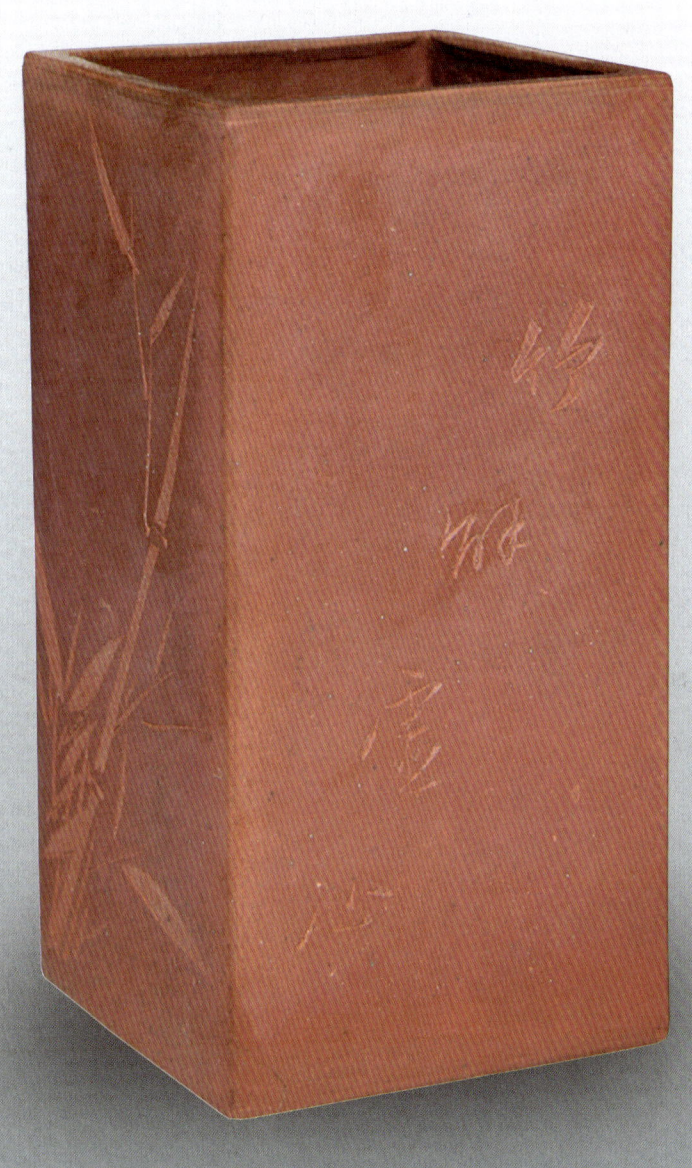

砂都异彩

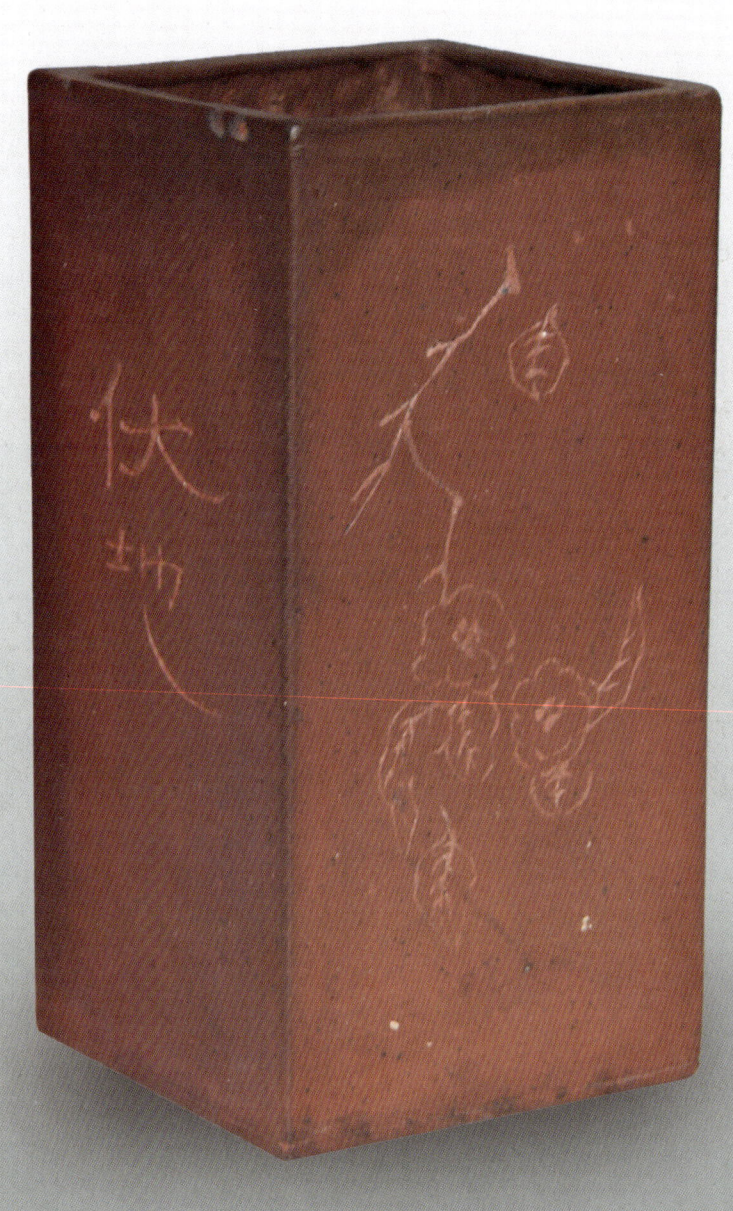

● 民国"更甲"四方红泥笔筒
高11.1厘米，口径5.6厘米

文房

● 民国金文六方红泥笔筒
高11厘米，口径8厘米

砂都异彩

● 民国白釉竹纹笔筒
高10.5厘米,口径7.5厘米

文房

—177—

砂都异彩

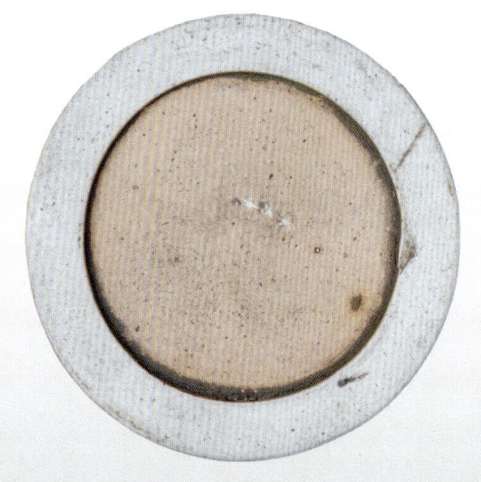

● 民国素面白泥笔筒

高15.2厘米，口径11.1厘米

文 房

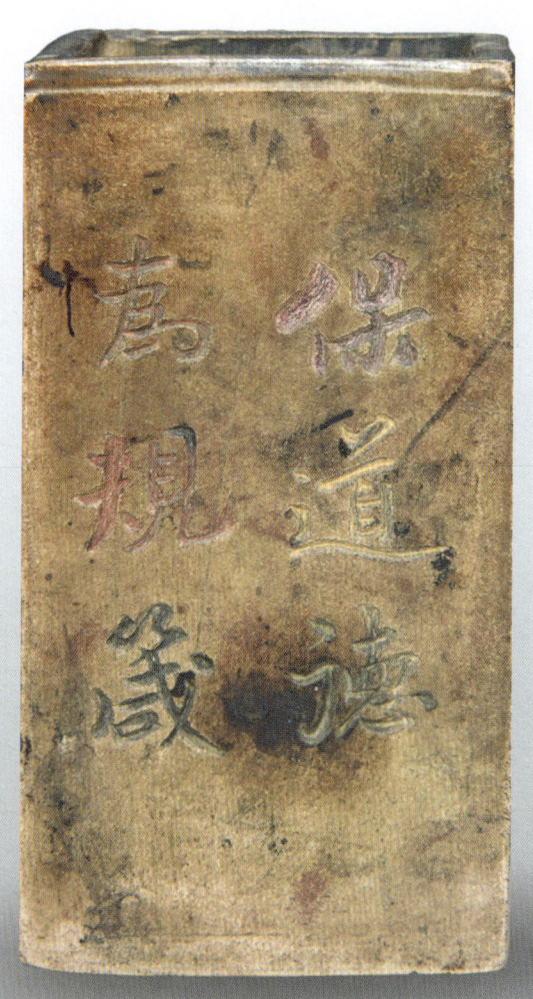
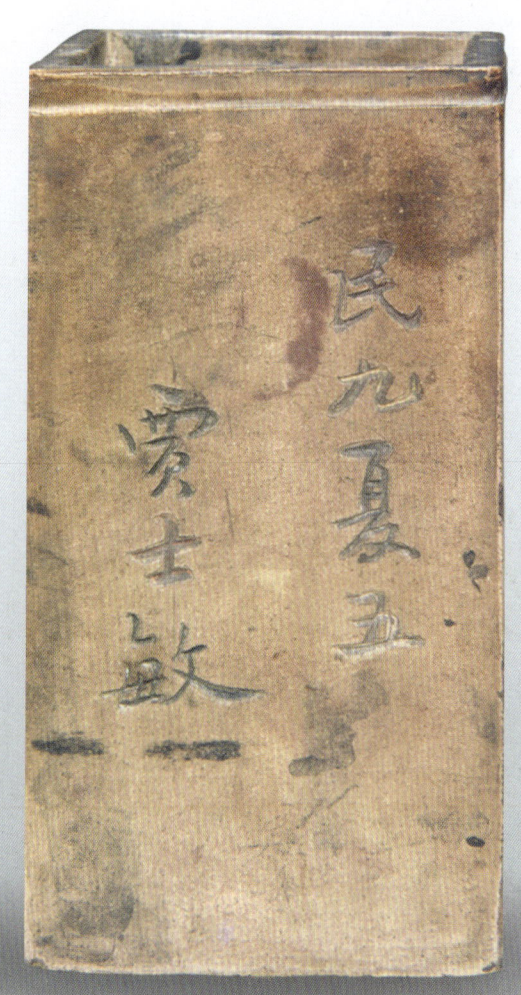

● 民国白泥四方笔筒

高11.5厘米，口宽6厘米

1920年

砂都异彩

● 民国蓝釉六方笔筒

高11.2厘米,口径8厘米

1917年

文 房

● **民国白釉六方笔筒**

高11.2厘米，口径8厘米

砂都异彩

整体呈仿生树桩形，胎体紫砂白泥。器身以堆塑、戳印等手法呈现出树皮的肌理，点缀以树瘤、节疤，一侧"留白"，呈现树皮撕裂露出树干的效果，刻绘兰草纹饰，线条流畅，似自然生长而出。底部钤有"平定复兴公司"篆书款。

●民国仿生树桩笔筒

高13厘米，口径8.5厘米

平定复兴公司制

文 房

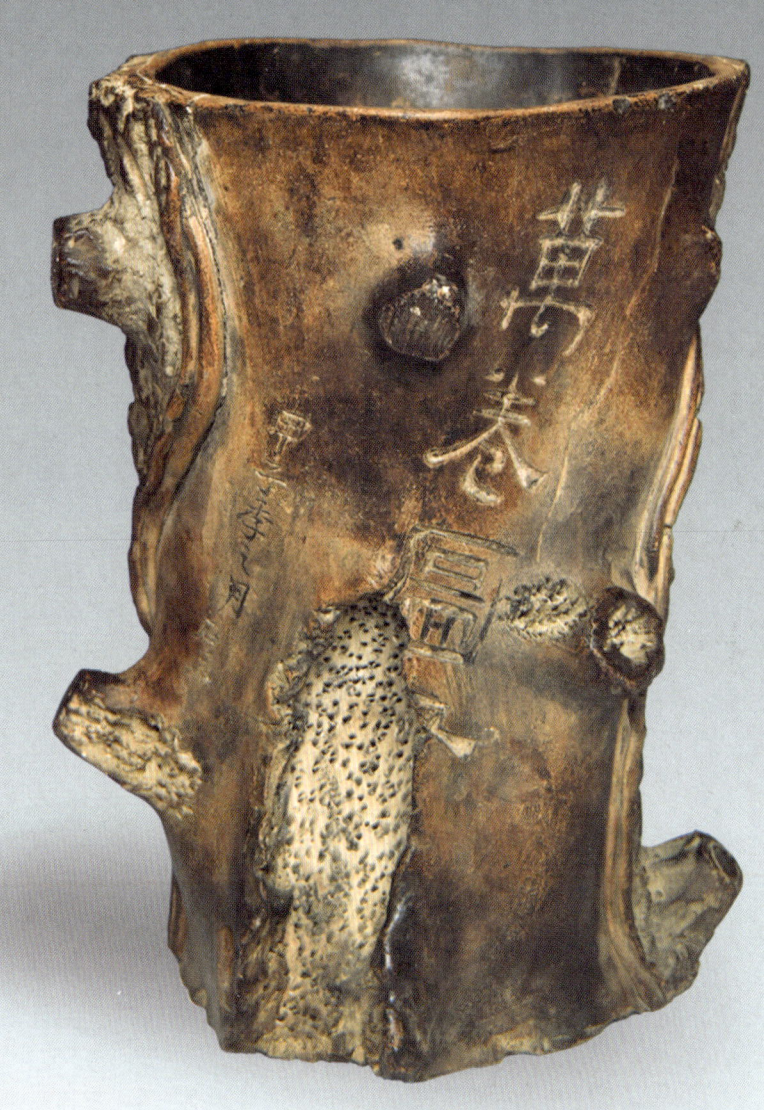

● 民国"万卷图书"仿生树桩笔筒

高18厘米,口径13厘米

1924年

砂都异彩

● 民国"龙文"仿生树桩笔筒

高13厘米,口径8厘米

平定复兴公司制

文房

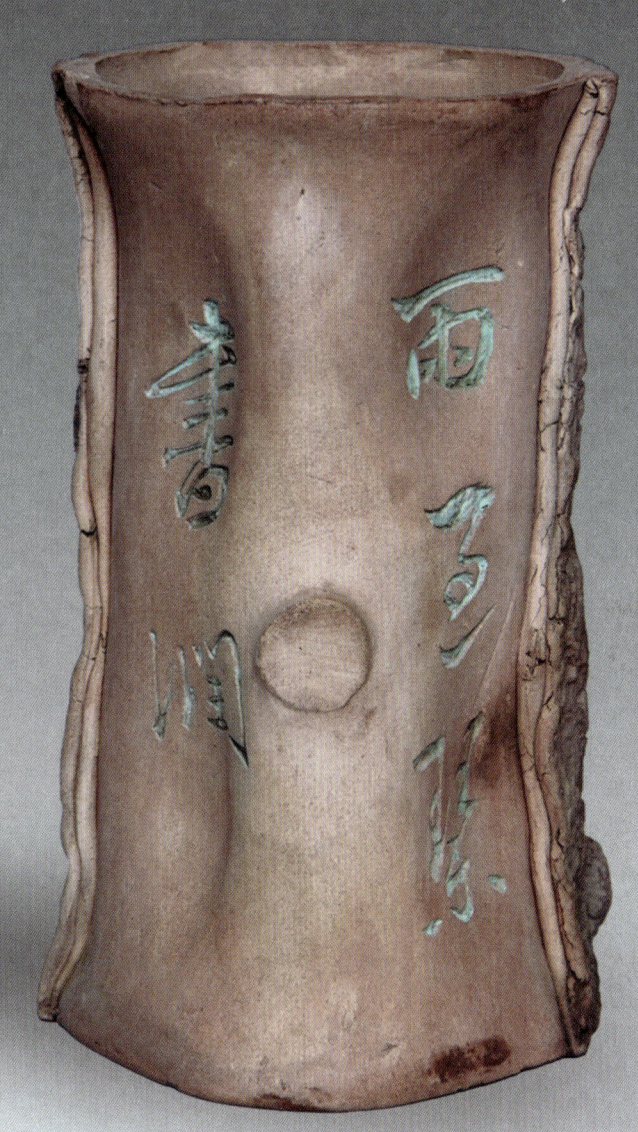

● 民国仿生树桩笔筒

高13.1厘米，口径8厘米

平定复新工厂制

砂都异彩

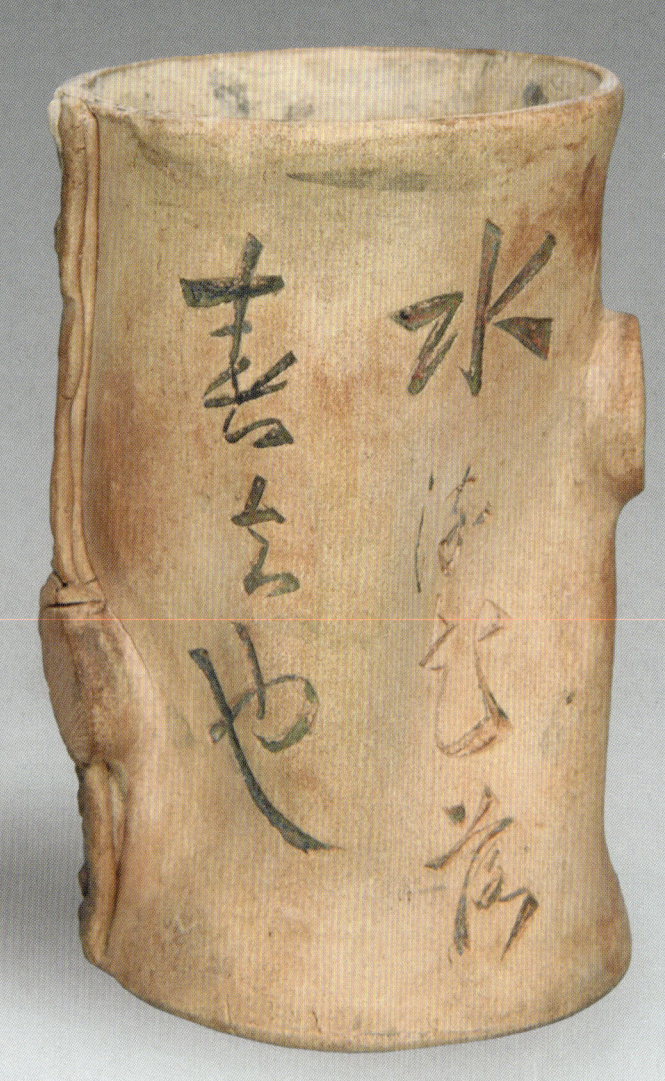

● 民国仿生树桩笔筒

高12.5厘米，口径8厘米

平定陶业公司制

文 房

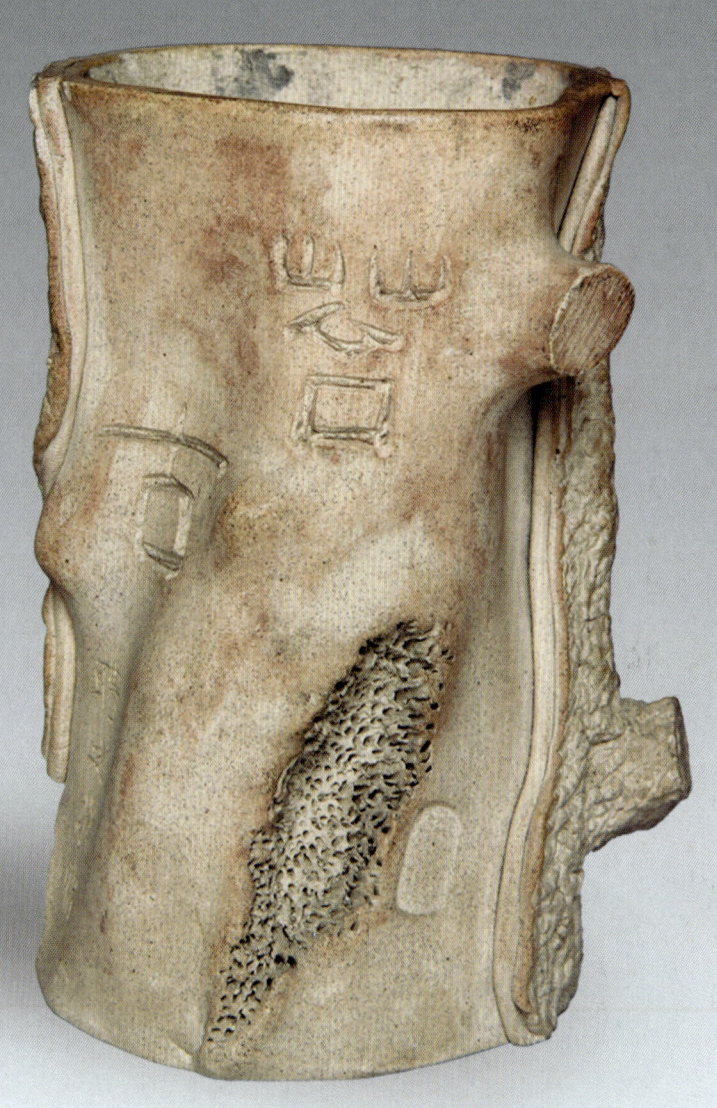

● 民国"苔古"仿生树桩笔筒

高14.5厘米,口径8.3厘米

平定复兴公司制

砂都异彩

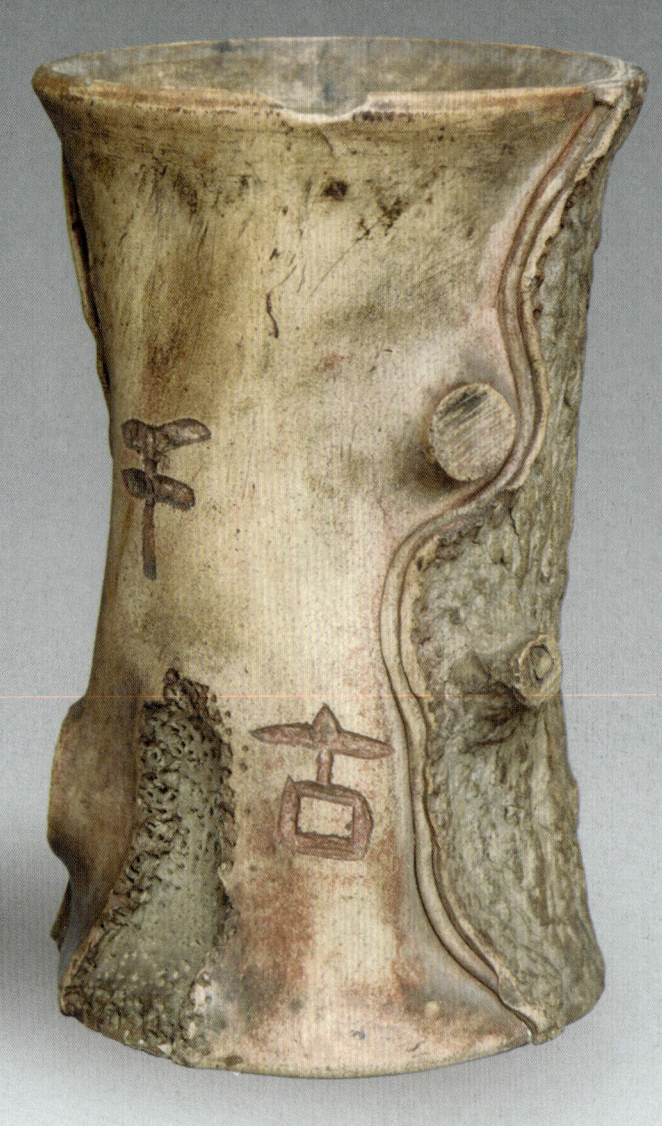

● 民国"千古"仿生树桩笔筒

高12厘米，口径8厘米

平定陶器特产款

清供

清供即清雅的供品，来源于佛供，人们以瓶花、香烛等供于佛前，表达对佛祖虔诚的敬意。后来举凡节日、祭祀等重要时刻，都要用清香、鲜花、蔬果等为供品，以求消灾祈福，与之对应的贡器组合包括香炉、烛台、花觚（香筒）等。平定紫砂中也有不少的供奉用具，尤其是其中的三供、五供等组合器具，大多工艺考究、造型古朴、风格多样，颇有地域特色。

砂都异彩

整器分炉身和炉盖两部分。炉身为三足宝鼎式,直口,束颈,圆鼓腹,双铺首衔环耳,三兽足,肩部堆塑圆雕兽头口衔铜环为双耳,其余部位饰如意云头,炉身阳雕八卦、八宝图案;炉盖为扁圆形,多重环纹,一雄狮蹲坐盖顶为钮,脚踩绣球、口开小孔与炉盖相通,是为烟道,炉内熏香可从狮口缓缓吐出。

该炉整体端庄大气、威严肃穆,炉盖的设计又极为巧妙、颇具灵性,观赏性强,具有很高的艺术价值。

● 民国三兽足狮钮熏炉

高39厘米,腹径25厘米

清供

胎体紫砂红泥，圆鼓腹，三足，子母口，圆盖。整器造型独特，呈仿生树桩设计，周身堆塑树瘤、节疤等装饰，局部贴覆叶片以点缀。炉盖以一颗桃子为钮，炉体正面刻有仿金文"宝鼎"字样，桃尖及侧枝均设计成中空的烟道，颇为巧妙。

● 民国"宝鼎"仿生树桩熏炉
高28厘米，腹径18厘米

砂都异彩

● 民国仿生树桩三足香炉

高11厘米，腹径15厘米

平定陶器特产款

清 供

● 民国"古柏"仿生树桩香炉

高9厘米,腹径12厘米

平定陶器特产款

砂都异彩

● 民国"宝鼎"仿生树桩香炉

高9.8厘米，腹径15厘米

清供

● 民国白泥双耳香炉

高9厘米,宽16厘米

平定陶业公司制

砂都异彩

● **民国蓝釉烛台**
高26.5厘米，底径7.7厘米

清 供

● 民国白泥烛台

高24厘米，底径8.5厘米

砂都异彩

  五供，中国民间祭祀时所用的五件器具，包括：香炉一个、烛台一对、花觚一对，用以焚香、燃烛和插花，常见材质有铜、石、锡和陶瓷等。五供源自汉代的"五祭"和道教的"五献"，随着宗庙祭祀及佛道礼仪制度的形成逐渐演化定型，最晚到明代成为敬奉香案上最正式的贡器组合。

  平定紫砂中的五供组合，造型多样、风格各异，颇具地方特色，加之外部刻绘装饰美观大方，除实用之外兼具陈设装饰功能。

清供

● 民国红泥五供

香炉高22厘米,口径11厘米;烛台高22.5厘米,底径6.5厘米;花觚高19厘米,口径7.5厘米,底径7.5厘米

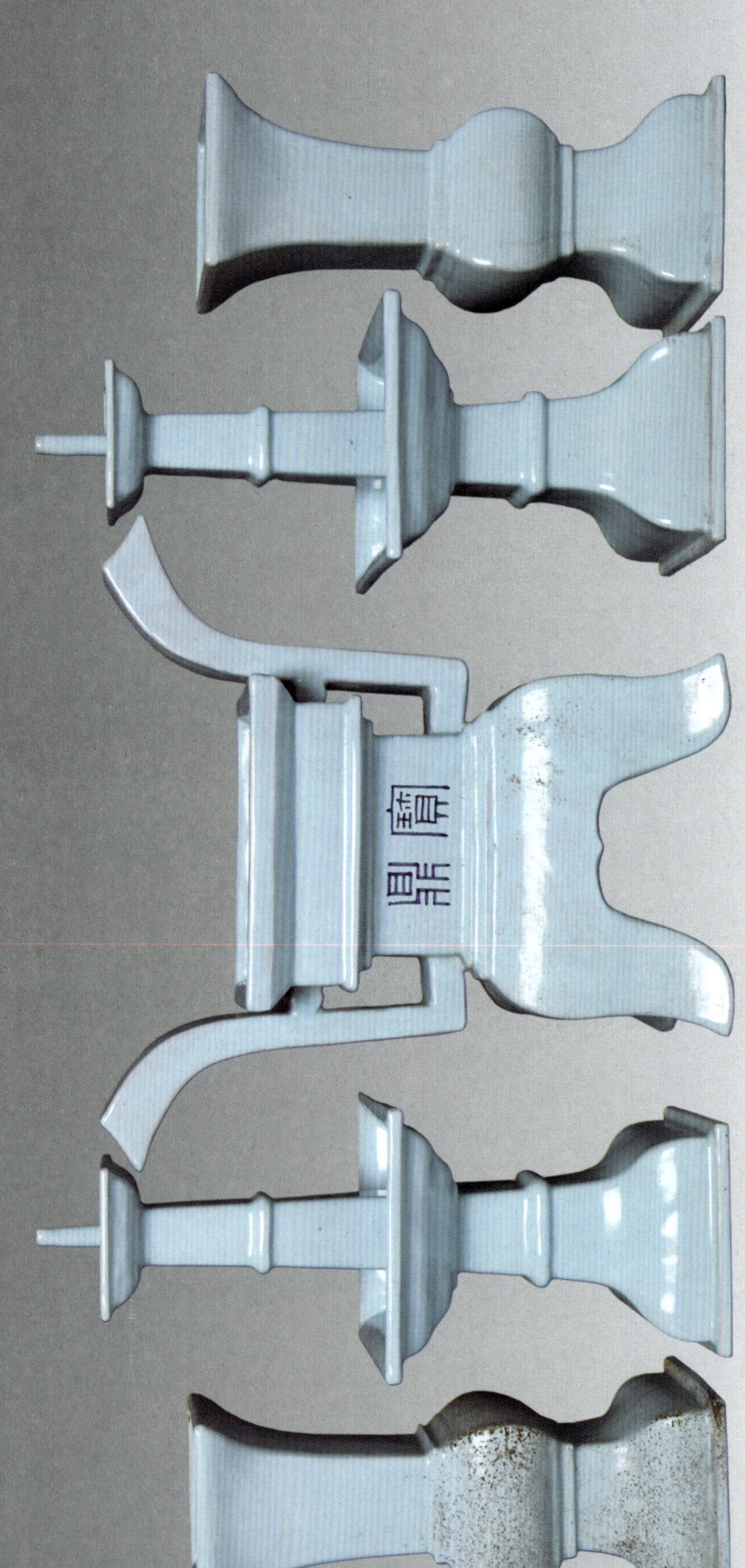

● 民国青釉五供

香炉高24厘米，宽15厘米；烛台高27厘米，足宽9厘米；花觚高20厘米，口宽7.2厘米，足宽8.4厘米

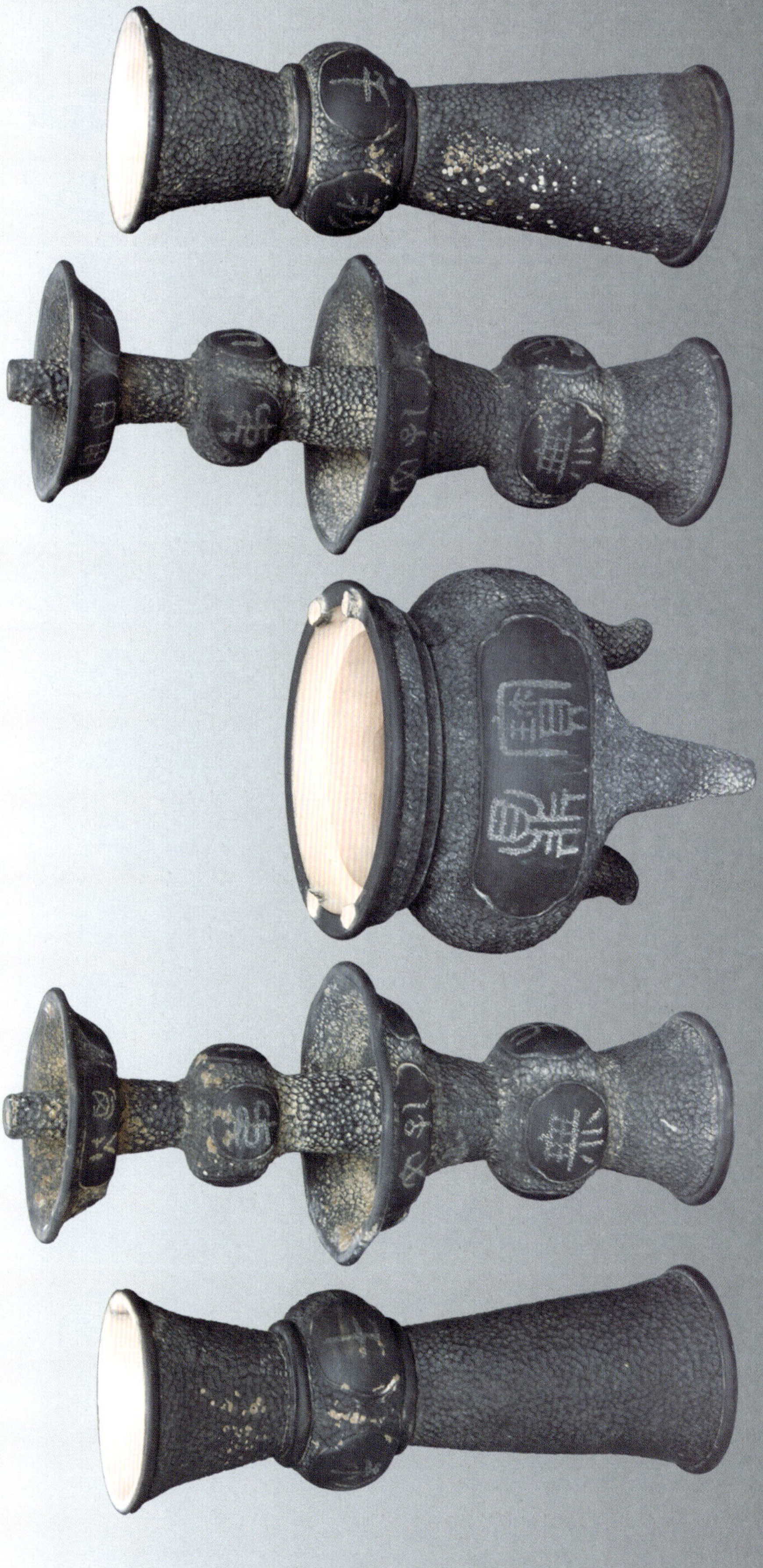

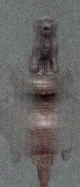

●民国黑釉五供

香炉高15厘米，口径14厘米，烛台高28厘米，最大径11厘米，花觚高23厘米，口径8厘米

1923年

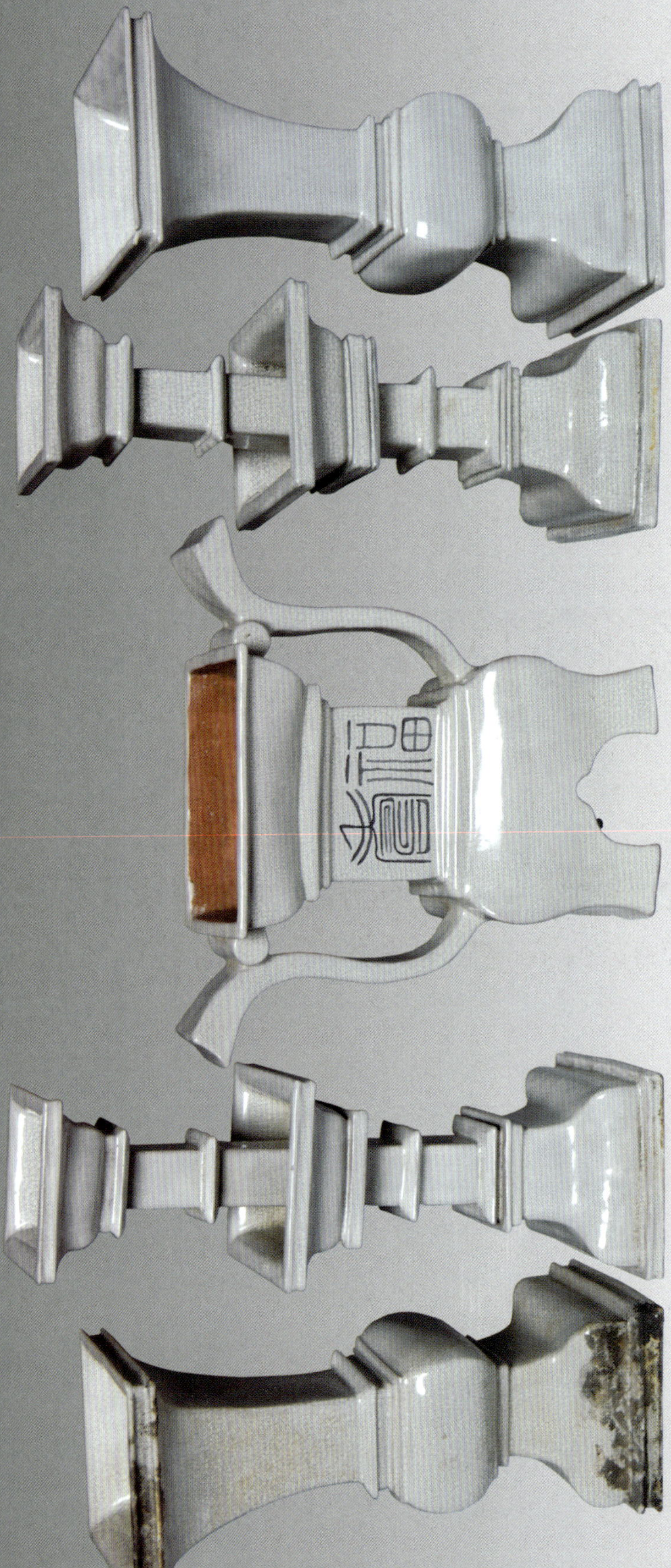

● 民国白釉五供

香炉高18.5厘米；烛合高25厘米，口宽6.4厘米，足宽8.4厘米；花觚高22厘米，口宽8厘米，足宽8.2厘米清供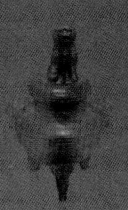

　　平面海棠形，胎体紫砂白泥，侈口，深腹，海棠形高足。盘内和底部均施白釉，密布细冰裂纹，盘身四周刻绘八个"寿"字图案，底钤"平定工厂"印款。

　　这件器物造型优美、沉稳大气，充分展示了平定紫砂工匠高超的造型能力和工艺水准。

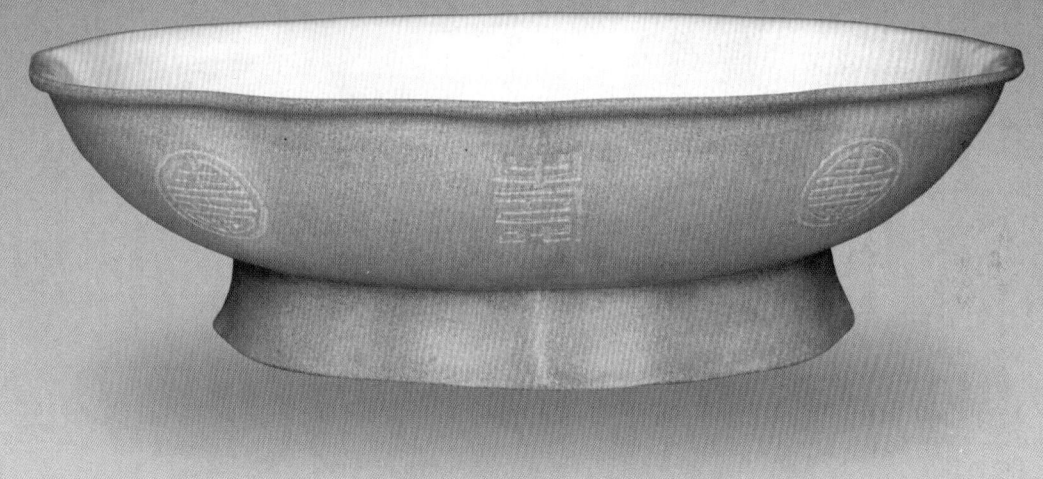

●民国白釉海棠形寿字盘
长30厘米，宽22.5厘米，高8.5厘米
平定工厂制

砂都异彩

一对，胎体紫砂白泥。器座呈方形，座上各雕一狮，狮做蹲伏状，侧首翘尾，背脊上起一圆柱台用以置放蜡烛。整体造型精美，威严肃穆，遍涂大漆可能是后人为之。

● 民国狮形烛台
高28厘米，座宽10厘米

附录

印章

平定县平民工厂出品

平定陶业公司

平定陶器特产

平定陶业公司出品

平定大兴公司

平定复兴公司

平定利民工厂

平定陶瓷工厂

平定复新工厂

平定陶磁

平定县鼎修陶器工厂

晋艾陶磁公司

同义窑厂

平定陶器

祥义窑业

古义舍

砂都异彩

| 平定知事吉延彦监制 | 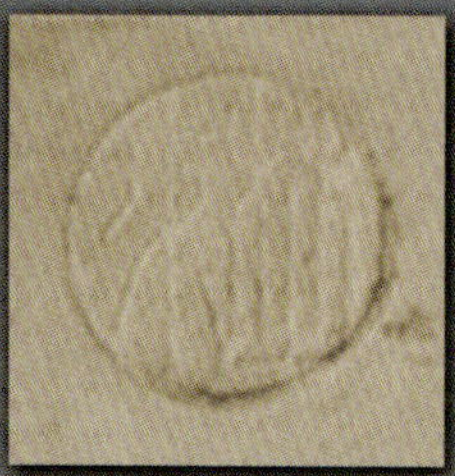 芝来 |  冀宁道尹朱善元监制 |  子明 |

| 闫士文印 |  敬修 |  唯吾知足 |  象三 |

| 浦臣 |  阿时 |  鼎甫 |  彬如 |

| 密卿 |  儒臣 |  戎克恭 |  绍祖 |

| 善甫 |  林生 |  李延 |  伯益 |

附 录

书 款

砂都异彩

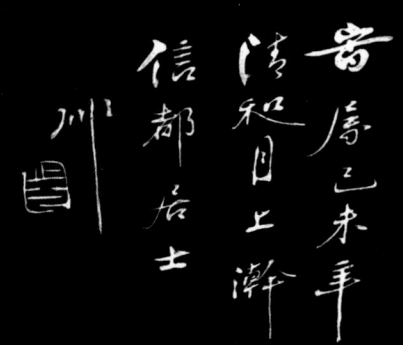

附录

刻款

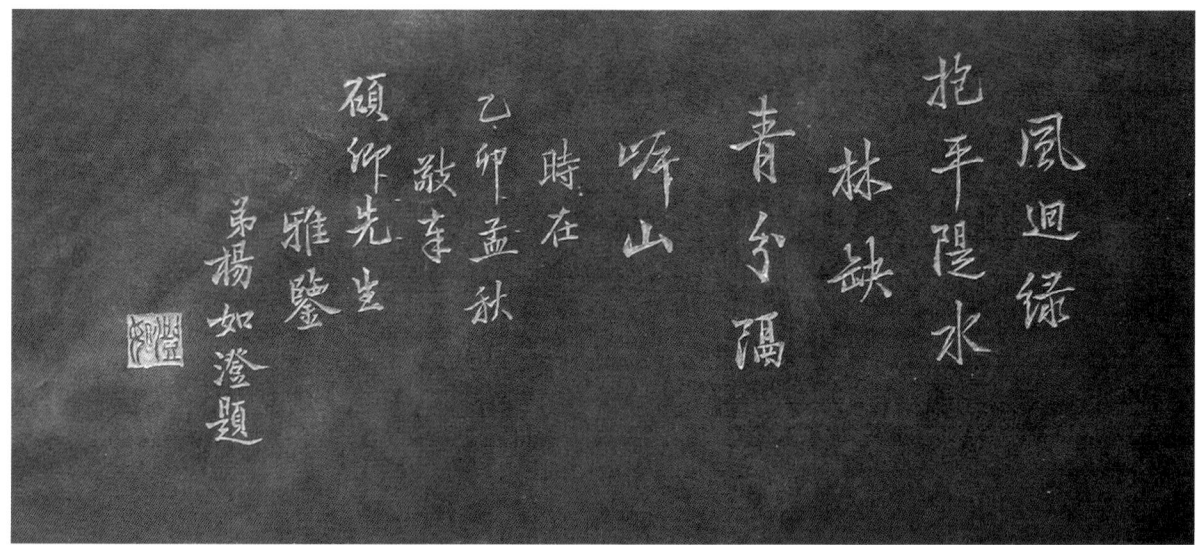

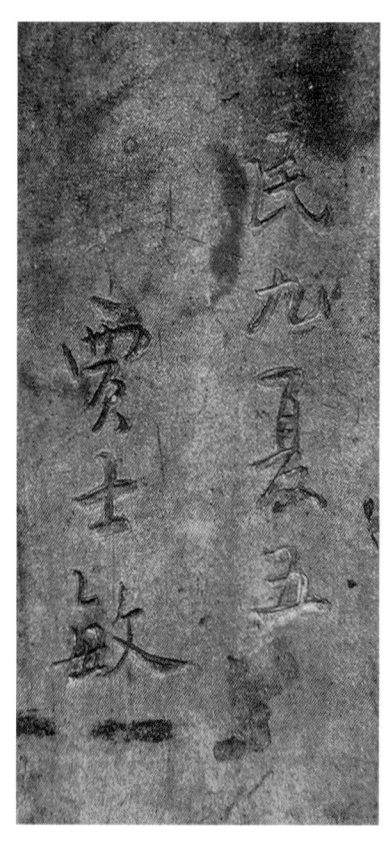
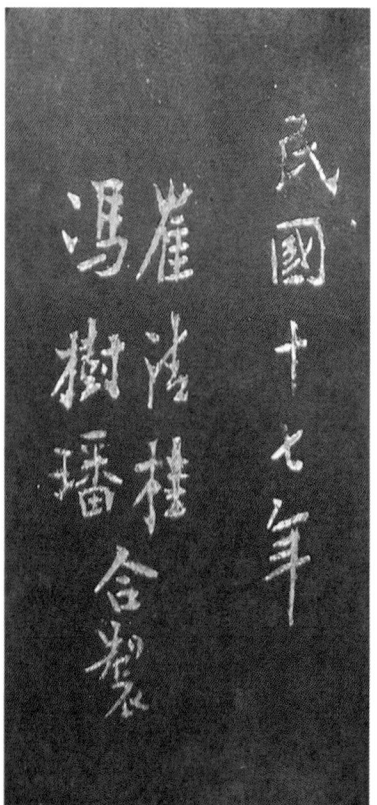

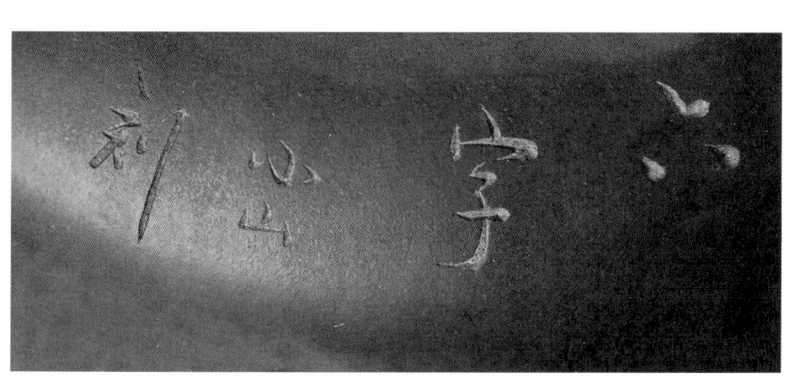

砂都异彩

翠叠春山又几重 云深等等 陇头子规吹彻更凄凉诗 策筇翁短筇

古柏森森寺外斜桥横地 僧依塔 历历前尘 暗吟 稀人路 归路暮

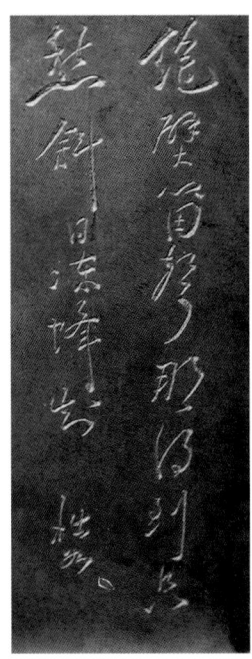
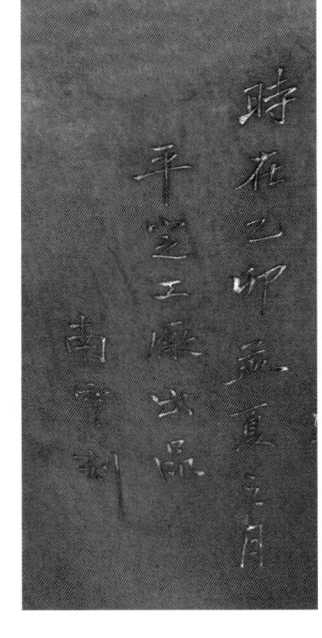

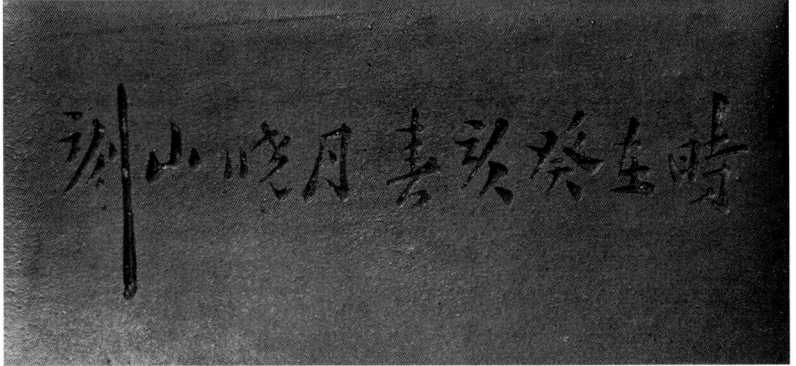

浅谈平定紫砂的特点及艺术成就

—— 兼谈平定紫砂与宜兴紫砂的区别

黄勇峰

笔者是在收藏宜兴紫砂的过程中偶然接触到平定紫砂，然后就被她的独特魅力所吸引并持续关注，也逐渐地将平定紫砂发展成收藏的重点。经过多年的关注、研究，笔者逐渐在平定紫砂的鉴赏方面有了一些感悟。

平定紫砂以宜兴紫砂为师，创烧之初即是邀请宜兴技师指导，平定工匠通过学习借鉴宜兴紫砂的成型工艺，并依托当地深厚的文化底蕴及制陶传统，勤于学习、勇于创新，最终创造出丰富多彩且别具一格的平定紫砂器，成为三晋大地上一张响亮的文化名片。难能可贵的是，平定紫砂在民国几十年间，乃至20世纪60年代的大峪瓷厂以及80年代的苇池紫砂厂，一直都保留延续着自己的特有风格和基因，有非常鲜明的品牌烙印。下面就以笔者多年的收藏经验对平定紫砂和宜兴紫砂的区别略作探究，不确之处还请方家指正：

首先是泥料。

泥料是一件器物的基础，无论多么复杂的器物，都是在工匠手上施以万般变化最终成型，但万变不离其宗，泥料是一件器物的立身之本，所以现在古玩行当各个门类，都把胎体鉴定，作为判断窑口及新老年代的一个重要依据，紫砂自然也是如此。

宜兴紫砂，号称"五色土"，是因为宜兴矿料有非常多的种类：紫泥、红泥、段泥、清水泥、白泥等不一而足，再加上各种各样的拼泥，其实远远不止五种颜色。而平定紫砂泥料质感丰富且独具特点，虽然仅有红泥、白泥两种泥料，但并不显单调。

平定的白泥砂料纯正，在白色的基料上，掺杂着红色、褐色等多种伴生矿，在放大镜下，呈现出五彩斑斓的效果，令人赏心悦目，抚之则温润如玉，如小儿肌肤般爽滑。从观感上看，平定紫砂白泥比较接近于宜兴紫砂的段泥，但其实两者还是有挺大区别的，一是色泽上，宜兴紫砂段泥一般呈现出浅黄色，而平定紫砂白泥多呈白色状；二是颗粒质感上，平定紫砂白泥主要以白、暗红颗粒为主，宜兴紫砂段泥的颗粒颜色则更丰富复杂些。并且因为是不同地域的矿脉，所以泥质也是有很大区别的，呈现出不同的观感。这些不同从文字上可能不太好理解，但如果把宜兴紫砂段泥和平定紫砂白泥的实物放在一起，对于有一定基础的人来说，区别是一目了然的。

平定紫砂的红泥，泥质细腻，和宜兴紫砂相比，整体泥性更重，砂质感弱，成器颜色根据窑烧温度的不同，呈现出或浅红或暗红的色泽，整体观感和宜兴紫砂有很大的不同。如果硬是要和宜兴紫砂去比对，则平定紫砂红泥比较接近于宜兴紫砂的红泥或清水泥，这仅仅是说相对接近，实际上两者还是有很大不同的。

其次是形制。

平定紫砂品类繁多、造型丰富，可以说宜兴紫砂有的器形，平定紫砂都有，而且在造型、形制上也自成体系，风格鲜明。"方非一式，圆不一相"，这句经常用在宜兴紫砂上的话，用在平定紫砂上也同样非常恰当。

平定紫砂的器形大致可分为圆器、方器和树桩形三大类：

平定紫砂圆器，线条流畅优美、秀外慧中；平定紫砂方器，器形刚劲挺拔、棱角分明。圆器种类有水盂（金钟形）、水洗、赏盘（圆形或葵口形）、茶壶、茶杯（圆口或花口）、水仙盆（腰圆、海棠、扇形）、笔筒、罐（圆形收口或束腰形）等；方器则常见花盆（四方或八方抽角）、赏瓶（四方或者六方辅首）、笔筒（四方或者六方造型）、印泥盒（四方形）、帽筒（四方或六方）、香筒等。

树桩形产品是平定紫砂的一个大类，其特点为模拟大自然中历经风霜雪雨的老树，成器树皮沧桑开裂、逼真生动，自然中的虫蛀鸟啄、刀劈兽咬，都反映于其中。以笔筒为例，制作工艺为先用泥片围成身桶，加底，然后再外贴一圈模仿树皮的泥片，接小枝条，整体调整塑形。器身树皮裂开处，刻绘师傅手工刻绘兰竹类图案或文字，刻绘文字内容都十分贴切。

宜兴紫砂主力产品为紫砂壶，平定紫砂在借鉴学习宜兴紫砂的基础上也出产了不少紫砂壶，而且平定工匠在学习的基础上，又有所创新，设计出了拥有自身风格、独具韵味的各种壶形。以三友壶为例，目前能见到的平定紫砂三友壶，就有三四种变化。可能是宜兴工匠不重视三友这个壶形品种的缘故，做工大多中规中矩；反观平定紫砂，倒不乏精彩的作品。具体而言，平定三友壶有圆形、四方、六方等几个造型，常见三弯流，流以竹节塑形，把以松枝立意，整体壶形流畅，古意盎然，别具风格。

盆作为紫砂器类的一个大宗产品，平定紫砂的器形也是迥异于宜兴紫砂的。以水仙盆为例，平定紫砂水仙盆有扇形、腰圆、八角束腰、长方枕式、多角海棠菱花、长方一刀切等，以及平定紫砂常见的树桩造型。无论哪个盆形，平定紫砂和宜兴紫砂均有较大区别，观者一眼就能分辨出来。比如平定腰圆形水仙盆，其造型为直口平沿，器壁垂直，下方一圈凸起的腰线，和上方的平沿相呼应，底部承四足，四平八稳，整体协调古朴。这种造型是在宜兴紫砂上不曾见到的，具有很强的辨识度，属于平定紫砂特有的器型。

最后是装饰。

对紫砂器进行施釉装饰自明代晚期即已出现，但宜兴紫砂的施釉产品始终不是主流，而平定紫砂的施釉器则成了很重要的一个门类，自成体系。比如常见瓶、盘产品上施白色开片釉，上用蓝彩或多种颜料绘山水、花鸟等图案，表面也有施绿釉或浅蓝色釉的，但相对较少。在杯、盆等的内壁处理上，平定紫砂常见施白釉或浅蓝釉。

平定紫砂的装饰多有别出心裁、标新立异之举，比如水仙盆外壁装饰，宜兴紫砂喜用回纹、如意纹等，而平定紫砂水仙盆上用特制工具压出一堆小凹点，状如花生皮，这种工艺，仅见于平定紫砂。另如平定特色的树桩造型，笔者有一树桩笔海，树皮皴裂、枝干逼真，在裂开的树皮上，用篆体刻绘"万卷图书"四字，下方的"图书"二字，正好处在树干被蚁虫啮咬的位置，所以只刻了一部分，既符合实际，又有锦灰堆（八破图）的味道，整体协调自然、创意十足。

平定紫砂或绘或刻，大多带诗词绘画装饰，且都文气贴切、颇有内涵！例如一件平定紫砂早期的白釉水洗，上书"墨池春暖"四字，水洗为洗毛笔之用，即谓"墨池"，水洗需盛水，春江水暖即谓"春暖"。再如前文所述之笔筒，刻绘"万卷图书"是非常符合笔筒这种书房用器的内涵的。除了诗文含义和器物功能相符，平定紫砂还讲究字画对应。上文所说的"墨池春暖"水洗，另外一面彩绘一枝盛放的牡丹，牡丹花为春天时开放，春天阳气初升、万物萌动、暖意融融，是为"春暖"，图文对应，非常贴切。另一"平民工厂"款大号水洗，一面刻芦苇荷花图，另一面刻"秋水文章 不染纤尘"八字。水洗为书房盛水用具，故为"秋水文章"；荷花为花中君子，自古就有"出淤泥而不染，濯清涟而不妖"之美誉，正谓"不染纤尘"。器物、文字、画面浑然一体，意趣盎然！这边仅举两例，实际上平定紫砂大多数的刻绘，均是图文对应的用心之作。在这点上，宜兴紫砂可能是因为量大的缘故，倒经常出现诗文画面不搭边的现象。

还有一点值得一提，宜兴紫砂上的刻绘内容，大多偏于通俗类诗文，这也可能是和其产量大有关，而平定紫砂刻绘独具一格、内涵丰富，经常别出心裁、意味深长。像宜兴紫砂上不常见的荷花图案，在平定紫砂上频频出现，甚至在别的品类上基本看不见的譬如苹果、柿子、栀子花之类，也会入画于平定紫砂。另外，平定紫砂刻画文辞驯雅且有深意。笔者一件扇形水仙盆上，刻有"春光淡冶"四字，经查阅资料，"淡冶"为"素雅而秀丽"之意。另外一件白泥山水纹碗上刻"山珍海错"，"海错"是形容海鲜的品类繁多，也是山珍海味之意。这些词意优美、意境丰富的文字，若不是刻在这些器物上面，恐怕我们在日常语言文字中很少见到了。

除了以上所述，平定紫砂还有很多特点和文化内涵等待我们去挖掘。这些平定紫砂作品不仅记录过去那段璀璨、辉煌的历史，更昭示我们要传承好祖先的优秀传统文化，拥有更加美好的未来！

后 记

《砂都异彩——民国平定紫砂撷英》终于要付印了，回首编辑过程，感慨良多。

这本书是配合阳泉市博物馆推出的第一个原创展览"陶铸文明——平定紫砂艺术展"而编辑的，其中收录的器物有部分在展线上展出过，但还有一大部分没有展出，其收藏单位有山西博物院、阳泉市博物馆、平定县文物管理中心，也有部分是私人收藏，代表了当时平定紫砂的基本器型和大部精品，是对民国平定紫砂成就的一次集中呈现，也是对那段历史的一次较为深入的探讨。书中作品涉及的藏家有王建军、黄勇峰、周英俊、王富元，感谢他们对于展览和图书的大力支持。

虽然编辑人员下大力气收集资料，但是由于很多器物集中在私人藏家手中，观看不易，文字资料又寥寥无几，给研究带来诸多不便。期间，编者既有线上收集资料之举，也与本地紫砂收藏家深入交流，了解到许多非常有价值的信息和线索，对于探讨平定紫砂的历史渊源与发展大有裨益。在此感谢国家图书馆顾恒、雷强二位老师和南京信息工程大学刘培峰博士，他们为我们查找资料提供了极大支持；感谢刘春生、张宝珠、张文泽、高建东诸师，他们在书稿编写阶段或提供信息，或提出意见，对书稿的顺利编写帮助良多；感谢梁秦毓同学，在我馆实习期间，既参与了博物馆评估定级工作，又在书稿的资料收集及编排方面做出一定贡献，在此一并致谢。

在器物拍摄和编排及装帧设计上，李巨泉老师付出辛苦最多，三伏天在摄影棚汗流浃背地拍摄，又是三伏天跑到福建漳州拍摄。期间，距离魂牵梦绕的土楼不足百里，但还是擦肩而过，之后又是修图又是抠图，付出极大心血。

最后，借《后记》几行文字，感谢山西省文物局、阳泉市文化和旅游局的领导们对于平定紫砂艺术展和图书出版的支持，感谢单位每一位同志们的辛勤付出，正是因为你们，才有本次展览的成功举办，才有这本图书的款款走来。

虽然付出极大努力想要出好这本书，但我们深知，这本书一定会有很多不足：既有客观的原因，比如文献的缺失、收集资料的不易，更有主观的原因，编者的才疏学浅及研究不够深入等，最后，我们还是硬着头皮出版了。无他，旨在抛砖引玉，引起更多智者对于平定紫砂的关注，进而投身那段历史的探究，能起到这样的作用足矣！

编 者

图书在版编目（CIP）数据

砂都异彩：民国平定紫砂撷英 / 阳泉市博物馆编；韩利忠主编. — 太原：山西人民出版社，2021.3
ISBN 978-7-203-11727-8

Ⅰ.①砂… Ⅱ.①阳… ②韩… Ⅲ.①紫砂陶—鉴赏—阳泉—民国 Ⅳ.①K876.3

中国版本图书馆CIP数据核字(2021)第029088号

砂都异彩：民国平定紫砂撷英

编　　者：	阳泉市博物馆
主　　编：	韩利忠
责任编辑：	刘小玲
复　　审：	吕绘元
终　　审：	梁晋华
装帧设计：	李巨泉　　李瑞明

出 版 者：	山西出版传媒集团·山西人民出版社
地　　址：	太原市建设南路21号
邮　　编：	030012
发行营销：	0351—4922220　4955996　4956039　4922127（传真）
天猫官网：	https://sxrmcbs.tmall.com　电话：0351—4922159
E—mail：	sxskcb@163.com　发行部
	sxskcb@126.com　总编室
网　　址：	www.sxskcb.com

经 销 者：	山西出版传媒集团·山西人民出版社
承 印 厂：	太原市隆盛达印业有限公司

开　　本：	889mm×1194mm　　1/16
印　　张：	14
印　　数：	1—1400 册
版　　次：	2021年3月　第1版
印　　次：	2021年3月　第1次印刷
书　　号：	ISBN 978-7-203-11727-8
定　　价：	300.00元

如有印装质量问题请与本社联系调换